**불안한 뇌를 바꾸는
50가지 생각 도구**

50 WAYS TO REWIRE YOUR ANXIOUS BRAIN
Copyright © 2023 by Catherine M. Pittman and Maha Zayed Hoffman
Korean translation rights © 2025 Samho Media
Korean translation rights are arranged with New Harbinger Publication, Inc.
through LENA Agency, Seoul
All rights reserved

이 책의 한국어판 저작권은 레나 에이전시를 통한 저작권자와의 독점 계약으로
삼호미디어가 소유합니다. 신저작권법에 의하여 한국 내에서 보호를 받는
저작물이므로 무단 전재 및 복제를 금합니다.

불안한 뇌를 바꾸는 50가지 생각 도구

난데없이 불안하고 좀처럼 걱정을 떨치지 못할 때

불안 회로를 하나씩 바로잡는 사용자 친화적 안내서

캐서린 M. 피트먼·마하 자예드 호프먼 지음 | 김은영 옮김

인생을 갉아먹는 불안 패턴의 고리를 끊고
쉽게 흔들리지 않는 단단한 뇌 회로 만드는 법

samho MEDIA

"이 책은 불안을 끊어내는 데 필요한 방법을 담은 종합 안내서다. 불안 극복을 방해하는 요인을 이해하도록 도우며, 누구나 따라서 실행할 수 있는 불안 극복 성공 로드맵을 제공한다. 오랫동안 치료를 받아온 사람이든 이제 막 회복의 여정을 시작한 사람이든, 그들 모두가 삶을 더 나은 방향으로 이끄는 데 도움이 될 실질적인 조언이 담겨 있다."

_ 카렌 린 캐시데이Karen Lynn Cassiday, 《건강 불안으로부터의 자유Freedom from Health Anxiety》의 저자, 로잘린드 프랭클린 대학교 약학대학 임상 조교수, 시카고 불안 치료 센터 운영자

"불안한 뇌를 변화시킬 최초의 사용자 친화적 안내서. 복잡하기만 한 과학적 용어는 찾아볼 수 없다. 이 책의 탁월한 부분은 두 저자가 독자를 위해 이 모두를 이해하기 쉽게 정리했다는 점이다. 여러분은 간단한 설명과 방법을 익혀 복잡한 신경계에 변화를 일으키게 될 것이다. 굉장하다!"

_ 리드 윌슨Reid Wilson, 《머릿속의 소음을 끄자Stopping the Noise in Your Head》의 저자

"전문 치료사의 도움을 받기 전에 혼자 힘으로 실천해 볼 수 있는 방법들을 담았다. 저자는 전문가의 도움이 필요한 상황을 줄이고 자신을 스스로 돌볼 수 있도록 근본적인 방법을 마련했다. 두 저자는 아낌없는 조언을 통해 자극에 덜 반응하고, 더 평온하며, 불안과 과잉 반응에 시달리지 않는 삶을 살도록 안내한다."

_ 패트릭 B. 맥그래스Patrick B. McGrath, 임상 심리학자이자 강박장애 디지털 헬스케어 플랫폼 NOCDNo Obsessive Compulsive Disorder의 최고 임상 책임자

"두 저자는 과학적 연구 결과를 이해하기 쉬운 언어로 탁월하게 풀어내는 데 능란하다. 창의적인 표현으로 독자의 인식에 미묘한 변화를 일으킨다. 기존의 '잘못된 경보' 대신 '오작동하는 편도체의 방어 반응'이나 '당신의 대뇌피질을 무조건 믿지 마라, 생각은 진실이 아니다', '집중에 있어서 멀티태스킹이란 없다' 같은 직관적인 해설로 핵심을 전달한다. 이 책은 자기 조절과 수용에 관해 간결하면서도 지혜로운 조언을 담았다."

_ 샐리 윈스턴Sally Winston, 《자꾸 이상한 생각이 달라붙어요》, 《확실히 알아야 할 것들Needing to Know for Sure》, 《오늘도 망설이다 하루가 다 갔다》의 공동 저자

"불안으로부터 자유로워지고 싶은 모든 이들에게 이 책을 강력히 추천한다. 신경과학 및 인지 행동 치료에 관한 최신 연구를 바탕으로 불안한 뇌를 잠재울 수 있는 종합적인 가이드를 제시하는 매우 유익한 책이다. 복잡한 개념을 명확하고 간결하게 풀어내어 독자들이 불안의 악순환에서 벗어나 자유를 얻을 수 있도록 돕는다."

_ 데브라 키센Debra Kissen, 인지 행동 치료를 통한 불안 치료 센터Light On Anxiety CBT Treatment Centers의 CEO, 《부모 불안 극복하기Overcoming Parental Anxiety》를 비롯한 여러 도서의 저자

이 책을 윌리엄 H. 영스에게 바친다. 삶의 곳곳에서 그의 부재가 느껴진다. 나의 멘토이자, 지도 교수, 그리고 공동 저자로서 빌은 내 삶에 많은 지혜와 통찰력, 웃음을 선사해 주었다. 빌과 나누었던 우정과 임상 경험들, 점심 식사 덕분에 심리학자로서, 그리고 교육자로서 한 걸음 더 나아갈 수 있었다. 너무도 일찍 우리 곁을 떠난 빌을 기억하며.

캐서린 M. 피트먼

이 책을 남편 크리스티안과 아버지 야쿠브, 어머니 로제트 그리고 여러 해 동안 함께할 수 있어 행복했던 나의 모든 내담자들에게 바친다.

마하 자예드 호프먼

들어가며

지금 당신이 불안이나 공황을 겪고 있다면 평범한 일상을 유지하는 것조차 때로는 무척이나 힘든 도전일 것이다. 불안과 공황은 그 자체로 고통스러울 뿐더러 일상생활에 많은 제약을 가한다. 더욱이 주변 사람들, 당신과 가까운 사람일지라도 당신이 겪는 고통이 어떤지 제대로 이해하지 못한다.

다행스러운 점은 과학자들이 다른 어떤 심리학적 진단보다 불안장애의 신경학적 원인을 더 깊이 이해하고 있다는 사실이다. 다시 말해 임상 심리학자들은 인간의 뇌에서 어떤 일이 일어나는지 알고 있으며 불안으로 힘들어하는 사람들에게 몇 가지 해결책을 제시할 수 있다는 뜻이다. 하지만 전문가들이 불안의 신경학적 원인과 개선법을 알고 있다고 해도, 그 지식이 실제 불안으로 고통받는 사람들이 일상에서 활용할 수 있는 도구로 온전히 전환되지 못하는 경우가 많다는 게 안타까운 현실이다.

이 책에서 우리 두 명의 임상 심리학자는 수십 년 동안 내담자의 불안장애를 접하고 치료한 경험을 바탕으로, 뇌에서 불안이 발생하는 원인을 쉽고 명확한 해설로 전하고자 노력했다. 그와 더불어 불안한 뇌를 변화시키는 데 즉각적이고 실질적인 도움이 되는 구체적인 전략과 훈련법 50가지를 담았다. 다양한 방법과 생각의 전환을 통해서 일상을 무너뜨리는 불안의 크기와 발생 빈도를 줄이고, 뇌에 지속적인 변화를 일으켜 불안에 대한 저항력을 높이도록 했다. 인지 행동 치료 전문가로서 이야기하건대 이 책에서 제공하는 방법과 전략을 꾸준히 실천한다면 의미 있는 변화를 경험하게 될 것이다.

불안 생성에 가장 깊이 관여하는 뇌의 영역은 편도체amygdala와 대뇌피질cerebral cortex이다. 그런데 이 두 영역은 학습 방식이 완전히 다르다. 책에 소개된 방법들은 불안을 생성하는 뇌의 회로인 편도체와 대뇌피질이 새로운 방식으로 불안에 반응하도록 학습시킴으로써 불안에서 자유로워지도록 설계되었다.

1부에서는 불안, 공포, 공황 같은 감정적·신체적 반응을 생성하는 편도체를 진정시키는 데 중점을 둔다. 2부에서는 편도체가 다른 방식으로 반응하도록 가르치는 데 중점을 두고 편도체라는 뇌 영역을 재구성하기 위한 전략을 설명한다. 3부에서는 대뇌피질이 편도체의 감정적·신체적 반응을 활성화하지 않도록 대뇌피질을 진정시키는 데 탁월한 전략들을 다룬다. 마지막으로 4부에서는 불안을 증폭시키는 대뇌피질이 파놓은 함정에 빠지지 않기 위한 방법들을 살펴본다.

뇌를 학습시키고 변화를 이끌어내기 위해서는 '경험'이 반드시 필요하다. 우리 필자는 일상 속에서 틈틈이 짬을 내어 실천하고 경험할 수 있는 다양하고 효과적인 훈련을 제공하는 데 초점을 맞췄다. 책에서 안내하는 대로 훈련 전용 노트를 마련해 제시된 활동을 실천하면서 떠오른 생각이나 아이디어를 꾸준히 기록하기를 권한다. 이 기록은 개인적 목표와 관심사에 맞추어 불안 극복을 위한 전략을 조정하는 데 든든한 조력자가 될 것이다.

Contents

추천의 글 04
들어가며 07

 편도체 진정시키기
편도체의 폭주를 막아라

01 예민한 관찰자이자 위험 경보 시스템 17
02 편도체에 안전하다는 메시지를 보내라 21
03 한번 활성화된 방어 반응은 마무리가 필요하다 26
04 긴장한 근육을 풀어준다 30
05 유도 심상 기법을 활용한다 34
06 편도체가 오작동할 때 38
07 수면과 편도체의 상관관계 42
08 웃음은 최고의 명약 46
09 편도체는 운동을 원한다 50
10 마음챙김 명상으로 현재에 머무른다 54
11 불안의 양상을 이해한다 58
12 일상에 놀이를 더해야 하는 이유 62
13 편도체 친화적인 생활 습관 67
14 얼어붙기 반응에 대한 대처 72
15 편도체를 잠재워라 76

2부 편도체 재구성하기
우리 편도체가 달라졌어요

16 두려움이 아닌 목표를 따른다 83
17 목표를 정하고 중요도를 매긴다 88
18 불안을 유발하는 트리거를 파악한다 92
19 편도체의 주장을 반박한다 97
20 편도체를 학습시킨다 102
21 용기를 내려면 동기가 필요하다 106
22 피하는 대신 뚫고 지나간다 111
23 노출 연습으로 두려움을 마주해 본다 115
24 이토록 겁 많은 편도체 120
25 나에게 중요한 가치를 헤아려 본다 124
26 두려움을 반기며 맞이한다 128
27 강박 행동과 안전 추구 행동에 저항한다 132
28 반대로 행동해 보자 137
29 마음챙김의 기적 141

3부 대뇌피질 진정시키기
생각과 해석의 방향대로 길은 닦인다

30 대뇌피질에서 시작된 것은
    대뇌피질에만 머물지 않는다 149

31 대뇌피질의 채널을 바꾼다 153

32 대뇌피질을 무조건 믿지 않는다 157

33 탈융합 기법 162

34 일상 속에서 감사를 실천한다 167

35 대뇌피질을 법정에 세운다 171

36 걱정 회로를 바르게 사용한다 177

37 집중의 한계를 이용한다 180

38 불안 채널에서 벗어나자 184

39 걱정을 문제 해결로 대체한다 189

40 근본적 수용을 연습해 보자 194

41 자기 연민으로 내면을 돌본다 199

4부 대뇌피질의 함정에 빠지지 않기
불확실성을 받아들일 때 더 평온해진다

42 편도체를 자극하는 생각의 함정   207

43 타인의 마음을 읽는다는 착각   212

44 'OO하면 어떡하지'의 함정   217

45 비관주의에 맞서라   222

46 타인과의 비교를 멈춘다   227

47 '해야 한다'라는 사고의 함정   232

48 완벽주의가 갖는 위험   237

49 불확실성을 받아들이고 자기 삶을 살아가자   242

50 진정한 문제   247

참고문헌   252

1부

편도체 진정시키기

편도체의 폭주를 막아라

01

예민한 관찰자이자
위험 경보 시스템

편도체는 빠르게 반응하지만
그 반응이 늘 정확한 것은 아님을 명심하라.

불안을 제대로 이해하고 극복함에 있어서 꼭 알아두어야 할 것이 바로 '편도체amygdala'이다. 편도체는 뇌 좌우에 하나씩 있는 아몬드 형태의 작은 기관으로, 뇌의 다른 영역들과 연결되어 우리 삶에 강력한 영향을 미친다. 정서적 정보 처리와 밀접한 연관이 있으며 특히 공포에 대한 기억과 학습에 관여한다.

편도체는 특정 자극에 대해 흔히 '투쟁 혹은 도주fight or flight'라고 부르는 방어 반응, 즉 '맞서 싸울 것인가 아니면 도망칠 것인가'라는 다차원적이고 복잡한 신체 반응을 일으킨다. 그뿐 아니라 언제 어떤 상황에서 방어 반응을 일으킬지도 결정하는데, 그럴 필요가 없거나 무관한 상황에서도 종종 부적절한 방어 반응(불안 등)을 일으킨다.

필자가 이전에 집필한 《불안할 땐 뇌과학》(현대지성, 2023)이나 다른 경로를 통해 이미 접했을지 모르지만, 편도체가 어떻게 방어 반응을 일으키기로 결정하며 우리는 그것을 어떤 식으로 경험하는지 간단히 살펴보기로 하자.

편도체는 우리 주변에서 일어나는 일을 주시하는 관찰자이자 위협이 될 만한 일을 감지해 경계토록 만드는 경보 시스템과 같다. 우리 뇌는 시각, 청각, 촉각 등의 감각을 통해 유입되는 외부 정보를 대뇌피질이 처리하기 전에 편도체에 매우 빠르게 전달하도록 만들어져 있다. 눈이나 귀 등의 감각기관이 감지한 정보를 종합하는 대뇌피질이 미처 정보를 인지하기도 전에 편도체가 반응한다는 이야기다. 1초도 되지 않는 아주 찰나의 순간 무엇보다 먼저 알아차리고 반응한다니 얼마나 놀라운가. 어찌 생각해 보면 기이하기까지 하다.

그러나 편도체가 언제나 사실 그대로의 감각 정보를 정확히 파악하고 반응하는 것은 아니다. 가령 욕실에 떨어진 머리카락 뭉치를 거미로 오인하고 방어 반응을 일으키기도 한다. 우리는 그 순간 심장이 쿵쾅거리며 근육이 긴장되고 화들짝 놀라 뒤로 물러설 것이다. 하지만 곧이어 대뇌피질이 시각 정보를 처리해 그것이 머리카락 뭉치임을 인지한다. 그런 다음에는 편도체도 더 이상 방어 반응을 생성하지 않지만, 신체가 원래 상태로 다시 돌아오기까지는 다소 시간이 걸린다. 여전히 심장은 빠르게 뛰고 분출된 아드레날린의 영향 또한 수 분간 지속된다.

편도체는 우리 몸이 자극에 신속히 반응하도록 돕는다. 고속도로를 달리던 중에 갑자기 차 한 대가 당신 앞으로 끼어들었다고 해 보자. 이때 당신은 순간적으로 반응해 사고를 피할 수 있다. 편도체는 생각하기도 전에 즉각적으로 신체 반응을 일으켜 목숨을 구하기도 하는 것이다.

여기서 문제는, 실제로 위험이 존재하지 않는데도 편도체가 반응할 수 있다는 점이다.

편도체도 틀릴 수 있다

경계 태세를 늦추지 않는 편도체로 인해 어떤 경험을 하는지 한번 생각해 보자. 알고 보니 별것 아닌 일에 화들짝 놀랐다거나 겁에 실린 적이 있는가? 아마도 편도체가 어떤 소리나 형상 또는 촉감에 반응했기 때문일 것이다.

하지만 위험이 실제로 존재한 것이 아니었기에 편도체는 그렇게 반응할 필요가 없었다.

편도체가 위험이 있는 듯이 반응했지만 실제로는 오해였던 상황을 떠올려보자. 혹은 그런 일이 다른 사람에게 일어나는 것을 본 적이 있는가? 어떤 경험을 했는지 기록해 보자. (앞으로 다양한 훈련과 활동을 통해 여러 가지를 기록할 테니 전용 노트나 휴대폰에 메모 공간을 마련해 두는 것을 추천한다.)

이러한 경험에 비추어 편도체가 상황을 늘 올바르게 해석하는 것은 아님을 확인할 수 있다. 편도체가 위험을 정확히 인지하고 반응하는 게 아니라는 사실을 유념해야 한다. 편도체는 빠르게 반응하지만, 그 반응이 늘 정확한 것은 아니다!

편도체가 방어 반응을 활성화하면 우리는 두려움, 공포, 불안, 공황과 같은 감정을 경험한다. 그리고 그 감정들은 진짜처럼 느껴진다. 위험이 실재하지 않는데도 어떻게 두려움이나 공포 같은 감정을 실제처럼 느낄 수 있는지 이해가 되는가? 기억하자. 위험에 처해 있다는 느낌이 항상 정확한 것은 아니다. 이 사실을 명심해야 편도체에게 새로운 대응 방식을 학습시킬 수 있다.

무엇보다 편도체가 항상 사물이나 상황을 올바르게 인식하거나 해석하지는 않는다는 사실을 명심하는 것이 중요하다. 편도체를 무조건 신뢰해서는 안 된다는 거다. 이것이 바로 편도체 길들이기의 첫 번째 단계다.

02
편도체에 안전하다는 메시지를 보내라

깊은 호흡은 편도체가 이해할 수 있는 언어로 '안전하다'는 메시지를 전달한다

과학자들이 불안에 관여하는 편도체의 역할을 알아내면서 불안을 관리하는 새로운 방법을 찾을 수 있게 되었다. 무엇보다 불안, 공포, 두려움, 공황 같은 감정이 뇌의 어느 부분에서 시작되는지 밝혀진 점이 유용했다. 위치를 알면 그 부위에서 어떤 반응이 일어나는지 연구힐 수 있기 때문이다.

우리는 뇌 영상 기술로 편도체가 언제 활성화하고, 언제 활성화가 감소하는지 관찰할 수 있다. 몸속을 정밀하게 들여다보는 MRI(자기 공명 영상) 장치를 통해 다양한 상황에서 편도체가 어떻게 반응하는지도 볼 수 있다.

편도체를 진정시킬 방법을 찾다니 이 얼마나 다행스러운 일인가. 하지만 임상 심리학자의 입장에서 안타까운 점이 있다. 우리가 사람들에게 불안의 정체에 대해 아무리 이야기한들, 그 사람의 편도체에 별반 영향을 미치지 못한다는 사실이다.

편도체는 "네 앞에 있는 청중들은 우호적이야. 그러니까 떨지 말고 말해도 돼."와 같은 논리적 설명을 수용하지 않는다. 마찬가지로 가족이나 친구가 "괜찮아. 다 잘 될 거야."라고 격려한다고 해서 우리의 편도체가 방어 반응을 멈추는 것도 아니다. 아마 당신도 이 같은 사실을 경험을 통해 알 것이다. 이 책에서 말하는 어떤 지식도 편도체를 진정시키거나 변화시키는 데 직접적인 영향을 줄 수 없다.

하지만 편도체를 진정시킬 방법은 분명 있다! 놀랍게도 이 방법은 아주 간단하고 비용이 거의 들지 않으며, 편도체에 즉각적인 변화를 일으킨다고 입증된 바 있다. 바로 천천히 깊게 숨을 들이마시고 내쉬는 호흡이 그것이다. 이 같은 호흡은 신경안정제인 알프라졸람보다 더 빠르게 편도체를 진정시키는 것으로 나타났다.

피실험인에게 특정 호흡법을 실시하게 한 후 fMRI(기능적 자기 공명 영상)로 관찰한 결과, 편도체 활성화가 실제로 감소하는 것을 눈으로 확인할 수 있었다. 이런 변화는 깊은 호흡을 시작한 지 불과 수 분이 지나지 않아 발생했으며(골딘, 그로스 2010; 테일러 등 2011; 젤라노 등 2016)연구의 자세한 출처는 본문 말미의 〈참고문헌〉에 기재함-편집자,

약물이 흡수되어 혈류를 타고 편도체에 도달하는 속도보다 빨랐다.

이제 우리는 편도체가 불안을 유발하는 데 얼마나 중요한 역할을 하는지 안다. 편도체가 어떻게 활성화되는지 관찰할 수 있으며, 심호흡이 얼마나 유용한지도 알았다. 문제는 호흡처럼 간단한 방법이 불안을 완화하는 데 효과적이라는 사실을 대다수가 잘 믿지 않는다는 점이다. 너무도 간단하다 보니 사람들은 비용을 들이지 않고 언제 어디서나 쉽게 이용할 수 있는 이 방법을 믿지 못하고, 이를 활용할 기회조차 놓치곤 한다. 그렇다면 심호흡처럼 지극히 간단한 방법이 어떤 원리로 편도체를 진정시키는 걸까?

우리 몸의 교감 신경계는 신체를 활동에 적합한 상태로 만드는 역할을 담당하며 투쟁 혹은 도주 반응을 일으키는 데 관여한다. 반면 부교감 신경계는 신체가 휴식을 취하고 에너지를 충전하도록 돕는 역할을 한다. 이때 심호흡은 부교감 신경계를 활성화함으로써 방어 반응을 가라앉히는 데 도움을 준다. 깊은 호흡을 통해 신체가 교감 신경계에서 부교감 신경계의 활성으로 전환하고, 이러한 전환이 편도체의 흥분을 낮춘다(제라스 등 2015).

단, 천천히 깊게 호흡하는 것이 편도체를 완전히 '끄는 것'이라고 생각하지는 말라. 편도체는 역동적으로 작동하며 다양한 상황이나 생각에 의해 다시 활성화할 수 있기 때문이다. 호흡 운동을 에어컨 작동 방식과 비슷하다고 생각하자. 집 안을 시원하게 유지하려면 에어컨이 중간중간 다시 작동해야 한다. 편도체가 교감 신경계를 활성화해 방어 반응을 생성하면, 심호흡을 해 부교감 신경계를 활성화함으로써 방어 반응을 억제할 수 있다.

    방어 반응이나 불안이 커진다고 느껴질 때 심호흡을 해 보자. 또 일과 중에 심호흡을 반복적으로 실시해 부교감 신경계의 반응을 활성화하면 전반적인 스트레스 수준을 초기 상태로 되돌릴 수 있다. 3~5분 만에 진정될 때도 있고, 이완 상태가 되기까지 최소 15분 이상이 필요할 때도 있다.

편도체를 진정시키는 심호흡

- 편안한 자세로 앉는다. 천천히 깊게 숨을 들이마신다. 코로 숨을 쉬든 입으로 숨을 쉬든 상관없다. 편한 대로 하면 된다. 숨을 참을 필요는 없으며, 폐가 완전히 찬 듯한 느낌이 들면 숨을 내쉰다.

- 폐가 완전히 가득 찼다고 느껴질 때까지 숨을 천천히 들이쉰다. 이때 횡격막이 아래로 내려가며 가슴이 아니라 배가 부풀어 올라야 한다.

- 숨을 천천히 내쉰다. 이때 입술을 오므려도 좋다. 부교감 신경

계를 활성화하려면 숨을 완전히 내쉬는 것이 매우 중요하다.

- 1분에 5회 정도의 속도로 천천히 깊게 들이마시기와 내쉬기를 실시한다.

깊고 느린 심호흡의 유용성을 과소평가해서는 안 된다. 심호흡은 몸을 이완 상태로 만드는 부교감 신경계를 활성화하고, 편도체가 이해할 수 있는 언어로 편도체에 '안전하다'라는 메시지를 효과적으로 전달한다는 사실을 기억하자. 몸이 이완되면 편도체의 흥분도 가라앉는다.

03

한번 활성화된 방어 반응은 마무리가 필요하다

상황이 종료되었더라도 스트레스와 불안은 뇌와 몸에 여전히 남아 있을 수 있다.

평소 진은 청구서 대부분을 계좌에서 자동 이체되도록 설정해 두었다. 그런데 어느 날, 무슨 연유에선지 생명 보험료가 이체되지 않은 것을 발견했고 이어서 보험 계약이 해지되었다는 통지를 받고 깜짝 놀랐다. 여러 해 동안 꼬박꼬박 보험금을 납부해 왔고 많은 부담을 감수하며 유지해 온 보험이었다. 더군다나 이제 와서 보험을 새로 가입하면 보험료가 오를 뿐만 아니라 혜택도 줄어든다. 진은 보험이 해지될 경우 가족들이 겪게 될 어려움을 상상하기 시작했다.

그녀는 보험금이 이체되지 않은 이유를 알기 위해 은행에 전화를 걸었고 여러 담당자를 거친 끝에 이유를 들을 수 있었다. 그런 다음에는 보험을 다시 살릴 방법이 없는지 알아보기 위해 보험사에 전화를 걸어야 했다. 이 과정에서 진은 상당한 스트레스를 받았다. 전화는 줄곧 대기 상태였고 그때마다 도움을 받지 못할까 봐 전전긍긍했다. 마침내 오류가 수정되고 보험 계약이 복원되었다. 진은 전화를 끊고 문제가 해결되었다고 혼잣말로 중얼거렸다. 위기를 넘긴 셈이었다.

하지만 진의 편도체는 이미 방어 반응을 활성화했고 그 작용은 아직 진행 중이었다! 진의 몸과 감정은 이번 일로 엄청난 영향을 받고 있었다. 심박수가 오르고 근육이 긴장했으며 짜증이 치솟았다. 아무것도 먹고 싶지 않았고 집중하기도 어려웠다. 이는 진의 몸이 위협에 대비해 어떤 식으로든 신체적으로 반응할 준비가 되어 있었는데, 정작 전화 통화에서는 그럴 필요가 없었기 때문이다. 일은 해결됐어도 스트레스와 불안은 처리되지 못한 채 그녀의 몸에 고스란히 남고 말았다.

그 대상이 화가 난 배우자든, 퇴근길에 알아차린 펑크 난 타이어든 우리가 위협적인 상황에 직면하면 편도체가 방어 반응을 일으킬 가능성이 크다는 점을 기억해야 한다. 문제가 해결되었더라도 신체를 이완 상태로 돌리려면 투쟁 혹은 도주 반응과 유사한 신체 활동을 통해 방어 반응을 마무리하는 것이 바람직하다.

그리고 방어 반응을 마무리하는 데 가장 좋은 방법이 바로 운동이다. 방어 반응에 따라 준비한 에너지를 신체 활동으로 소모할 수 있기 때문이다. 심호흡이나 요가를 통해 부교감 신경계를 활성화해서 방어 반응이 잦아들게 할 수도 있다. 숙면 또한 몸을 원래 상태로 되돌리는 데 효과적이지만, 신체 활동을 하지 않은 상태에서 숙면은 쉽지 않다.

방어 반응이 활성화되었을 때, 그것을 마무리했는가?

지난 1~2주 동안 편도체가 방어 반응을 활성화했다고 여겨지는 상황을 3회 이상 떠올려보자.

각각 어떤 상황이었는지, 왜 방어 반응이 활성화됐다고 생각하는지, 어떤 감정을 느꼈는지, 그리고 방어 반응을 마무리하기 위해 무엇을 했는지 기록해 보자. 시간이 다소 걸렸더라도 괜찮다. 예를 들어 '타이어가 펑크 나서 집까지 걸어갔다.'처럼 방어 반응을 마무리하기 위해 한 행동이라면 어떤 것이든 적어본다.

방어 반응을 마무리한 뒤 불안과 스트레스가 가라앉았는지, 또는 스트레스가 얼마나 오래 지속되었는지 적어보자.

다음은 편도체의 방어 반응이 활성화되었을 때 그것을 마무리하는 데 도움이 되는 활동의 예다.

- 걷기, 춤추기, 계단 오르기 등의 유산소 활동하기
- 몇 분간 근육을 긴장시켰다가 다시 이완하기
- 물을 털어내듯 팔, 다리를 비롯해 온몸 흔들기
- 요가하기
- 10~15분간 심호흡하기
- 7~9시간 정도 숙면하기
- 마사지 받기
- 오랫동안 포옹하기
- 반려동물을 쓰다듬거나 껴안기
- 한바탕 웃기
- 한바탕 울기
- 샌드백 치기 혹은 매트 두드리기

상황 자체는 해결되었더라도 방어 반응을 마저 마무리하기 위해 의식적으로 노력하지 않으면 스트레스와 불안이 뇌와 몸에 남게 된다. 그러니 마무리하는 것을 잊지 말자.

04
긴장한 근육을 풀어준다

몸을 이완하는 과정은 그 자체로
편도체에 안전하다는 메시지를 전한다.

사납게 으르렁거리는 개, 위협적인 발언, 차선을 침범해 들어오는 차 등을 맞닥뜨릴 때 편도체는 활성화된다. 이때 몸에서 가장 먼저 나타나는 반응 중 하나가 근육 긴장이다. 편도체의 방어 반응이 시작되면 몸은 이에 응할 준비를 한다. 방어 반응이 활성화될 때 자신에게 어떤 일이 일어나는지 관찰해 보자. 이를 악물거나 배에 힘을 주거나 다리를 떠는가? 편도체가 본디 투쟁 혹은 도주 반응을 유발하도록 설계되었음을 고려하면 왜 그런 무의식적 반응이 나타나는지 이해할 수 있다.

그런데 편도체 활성화를 유발하는 상황 중 일부에서는 이러한 반응이 적절치 않을 수도 있다. 예를 들어 상사가 업무 내용을 지적하거나, 심사위원들 앞에서 발표하는 자리에서 투쟁 혹은 도주 반응은 도움이 되지 않는다. 게다가 근육 긴장이 지속되면 피로감뿐 아니라 통증과 경직까지 느낄 수 있다.

다행히 경직된 근육은 몇 가지 과정을 거치면 긴장을 낮출 수 있으며, 이렇게 몸을 이완하는 과정은 그 자체로 편도체에 안전하다는 메시지를 전달한다. 근육 이완 훈련을 처음 실행할 때는 이마에서 발끝까지 몸 전체의 긴장을 풀도록 노력해 보자. 그런 다음 가장 많이 긴장한 부위가 어디인지 점차 인식하게 되면 그 부위에 집중해서 긴장을 푼다. 연습하다 보면 신체 전반을 아주 빠르게 이완하고, 이완이 더 필요한 근육에 특히 주의를 기울일 수 있을 것이다.

몸의 이완은 격한 감정을 진정시키는 데 효과적이다. 우리의 감정 경험(대뇌피질에서 발생)은 신체의 물리적 반응에 많은 영향을 받기 때문이다. 그뿐만이 아니다. 근육의 이완은 편도체 활성화로 발생한 방어 반응을 억제하고(샤피르 2015), 불안을 줄이는 데도 도움이 된다(하우하 등 2014).

점진적으로 근육을 이완시키는 훈련은 몸의 긴장을 줄이는 매우 탁월한 방법이다.

점진적인 근육 이완법

지금 소개하는 운동은 누워서도 할 수 있고 앉아서도 할 수 있다. 누군가가 지시사항을 천천히 읽어주면 운동을 진행하는 데 도움이 될 것이다.

- **눈을 감거나 한 곳을 가만히 응시한다.** 5~6회 정도 숨을 천천히 깊게 들이마시고 내쉬어 몸을 이완시킨다. 활동 내내 계속해서 천천히 깊게 호흡한다.
- **이제 5초간 각각의 신체 부위에 힘을 주었다가 뺀다.** 예를 들어 이마, 눈꺼풀, 입술, 턱, 혀부터 시작한다. 5초간 각각의 근육에 힘을 주었다가 뺀다. 근육이 긴장했을 때와 긴장이 풀렸을 때의 차이를 느낀다.
- **다음은 목과 어깨 근육에 집중한다.** 머리를 뒤로 젖히고 목에 힘을 준다. 그런 다음 머리를 오른쪽, 왼쪽으로 돌려 목을 이완시킨다. 이제 어깨를 귀 쪽으로 들어 올려 어깨를 긴장시켰다가 다시 힘을 푼다.
- **이제 손과 팔로 넘어간다.** 주먹을 쥐고 손에 힘을 준다. 그런 다음 주먹을 가슴 쪽으로 가져가 팔에 힘을 준 후 주먹을 풀고 팔을 내려놓는다. 근육이 긴장했을 때와 이완했을 때의 차이를 느낀다.
- **다음은 엉덩이로 넘어간다.** 5초간 엉덩이에 힘을 주었다가 뺀다. 이번에도 근육이 긴장했을 때와 이완했을 때의 차이를 느껴본

다. 활동 내내 잊지 말고 계속해서 천천히 깊게 호흡한다.
- **이제 허벅지와 종아리로 넘어간다.** 발을 바닥에 붙이고 5초간 허벅지와 다리 근육에 가능한 한 힘껏 힘을 주었다가 힘을 뺀다.
- **마지막, 발로 넘어간다.** 발가락을 아래로 동그랗게 말아 5초간 근육에 힘을 준 다음 힘을 뺀다.
- **끝으로 몸의 긴장을 모두 풀어주는 데 집중한다.** 천천히 깊게 호흡한다.

처음에는 하루에 두 번씩 이완 훈련을 해 보자. 어떤 근육이 가장 긴장되는지 파악한 후에는 해당 근육만 집중적으로 긴장시켰다 이완시키면 더 빠르게 이완 상태에 도달할 수 있다. 그런 다음 몸 전체를 한 번에 이완시키는 데 집중한다. 이완법을 자주 활용해 보자. 긴장되거나 불안할 때는 잠시 멈춰서 깊게 숨을 들이마시고 내쉬면서 문제가 되는 근육을 긴장시키고 이완시키면 빠르게 이완 상태에 도달할 수 있다. 그러면 편도체도 진정될 것이다!

05

유도 심상 기법을 활용한다

풍부한 상상력을 동원해
효과적으로 긴장을 풀고 평온함을 되찾는다.

편도체가 활성화되어 긴장과 스트레스를 느낄 때, 위협으로부터 주의를 돌리면 평정을 되찾는 데 도움이 된다. 앞서 우리는 몸의 긴장을 풀어줌으로써 편도체를 진정시키고 이완을 촉진하는 몇 가지 전략을 살펴봤다. 몸이 편안해지면 편도체에도 평온의 메시지가 전달된다.

'유도 심상 guided imagery'을 활용하는 것 역시 몸과 편도체를 진정시키는 한 방법이다. 평온함을 만드는 방법은 많으면 많을수록 좋다. 게다가 유도 심상 기법은 매우 즐거운 활동이기도 하다. 간단한 예를 들면, 스트레스를 높이는 혼잡한 공공장소에 있다고 해 보자. 이때 우리는 헤드폰을 쓰고 음악을 들으며 다른 장소로 이동한 듯한 기분을 느끼게끔 유도할 수 있다.

유도 심상 또는 심상화visualization는 쉽게 말해 평화로운 해변이나 넓게 펼쳐진 해바라기밭처럼 마음이 차분해지는 장소에 있다고 상상하는 치료 기법이다. 연구에 따르면 이러한 방법은 불안을 줄이고 몸과 마음의 이완을 촉진한다(멘지즈 등 2014). 딱히 근육 이완에 집중하지 않고 평온한 환경에 놓인 자신을 상상하는 것만으로도 신체적 긴장을 풀고 편도체를 활성화하는 생각에서 벗어날 수 있다.

유도 심상은 상상력이 뛰어난 사람에게 특히 유용하다. 창의적 사고에 능하고 작은 것까지 세밀하게 상상하는 능력이 탁월한 사람들은 때로는 더 큰 고통을 유발하는 시나리오를 상상해 불안을 더 키우곤 한다. 당신 역시 고통스러운 상황이나 재앙을 상상해서 편도체를 겁주는 데 익숙하진 않은지 생각해 보라. 만약 그렇다면 상상력을 발휘해 마음에 평온을 가져다주는 시나리오를 좀 더 심상화하자. 불안에서 벗어나 안도감을 느끼는 데 도움이 될 것이다(어떤 상황을 구체적으로 상상하는 일이 어렵다면 심상 유도가 어렵게 느껴질 수 있다. 하지만 반대로 생각하면 상상력 때문에 스스로를 공포에 빠뜨릴 일도 적을 것이다!).

처음 시도할 때는 누군가가 심상을 유도하는 대본을 읽어주면 도움이 된다. 다른 사람이 대본을 읽어줄 때 당신은 눈을 감고 그 상황에 놓여 있다고 상상하는 데 집중하는 거다. 직접 녹음한 후 재생해도 좋다.

유도 심상 활용하기

하루 중에 10분 정도 짬을 내어 평화로운 장소에 있다고 상상해 보자. 의자에 편한 자세로 앉아 눈을 감자. 다른 사람에게 아래의 대본을 천천히 읽어 달라고 부탁하고 한 문장 한 문장에 몰입해 보자.

- 숨을 깊게 서너 번 들이마십니다. 평화로운 해변을 바라보고 서 있는 자신을 상상하며 긴장을 풀어봅니다. 파도가 해안으로 부드럽게 밀려오고 있어요. 물소리를 들어보세요. 새들이 하늘을 날며 이따금 소리 내 웁니다. 바람에 나무들이 살랑살랑 흔들리는 소리가 들리네요. 고개를 들어 그 나무들을 바라봅니다. 바다 내음과 함께 공기에 실려오는 냄새들을 맡아보세요. 피부에 닿는 햇살의 온기를 느껴보세요.

- 이제 당신은 신발을 벗고 해변을 걷습니다. 따뜻한 모래가 발과 발가락 사이에 스미는 감촉을 느껴보세요. 물소리, 새소리, 아이들이 뛰노는 소리를 들어보세요. 해변으로 밀려오는 잔잔한 파도에 발을 담가봅니다. 발을 휘감았다 씻겨나가는 시원한 바닷물을 느껴보세요. 모든 감각을 열어 이 평화롭고 고요한 장면을 상상해보세요. 해변을 둘러보며 몇 분간 거닐어봅니다.

유도 심상을 마치고 나서 기분이 어땠는지 생각해 보자. 무엇을 느꼈는지, 상황에 몰입할 수 있었는지, 마음이 좀 편안해졌는지, 직접 상상하고 싶은 장면이 있는지 자기 자신에게 물어보자.

다른 장면을 설정해도 좋다. 어떤 장면을 선택하든 그건 중요치 않다. 당신이 상상하고 싶은 장면을 써보자. 상상 속 풍경의 모습, 소리, 냄새를 구체적으로 떠올리는 것이 중요하다. 그래야 다각적인 경험을 통해 그 상황에 깊이 몰입할 수 있기 때문이다.

심상화에 익숙지 않다면 어렵게 느껴질 수 있다. 어떤 사람들은 자신은 상상력이 부족하다고 말하기도 한다. 괜찮다. 긴장을 푸는 데 이 방법이 맞지 않을 수도 있지만, 심상화에 능숙하다면 상상력을 편도체를 활성화하는 데 사용하지 말고 긴장을 푸는 데 사용하자.

긴장을 푸는 데 사용할 수 있는 배경이나 설정은 인터넷에서도 영감을 얻을 수 있다. 다들 한 번쯤 가보고 싶은 곳이 있을 것이다. 마음이 끌리는 구체적인 이미지를 찾아보자. 불안이 나의 생각과 마음을 지배하도록 두지 말고 유도 심상이나 심상화를 이용해 주의를 전환하고 주도권을 잡아보자.

06
편도체가
오작동할 때

선조로부터 물려받은 우리의 편도체는
걸핏하면 실수를 저지른다.

편도체는 만약의 위험을 대비해 우리를 보호하기 위해 작동하며, 우리는 그 결과를 신체적·감정적으로 매우 생생히 경험한다. 편도체 활성화로 신체적 변화가 일어나고 대뇌피질은 이러한 신체 감각을 감정적 반응으로 해석하는데, 그것이 때로는 압도적일 만큼 강하게 느껴질 수 있다.

그런데 여기서 중요한 점은, 실제 위험이 없을 때도 편도체가 이 같은 반응을 유발하는 경우가 잦다는 사실이다. 먼 조상들로부터 물려받은 우리의 편도체는 걸핏하면 실수를 저지른다. 우리는 위험에 빠르게 대응하도록 몸을 준비시키는 편도체를 가진, 겁이 많은 사람들의 후손이다. 과거 인류의 편도체는 무방비 상태로 위험을 맞닥뜨리기보다는 오판을 하더라도 위험을 예측해 미리 반응하는 게 생존에 더 낫다고 여겼고, 선조들은 그러한 편도체 덕을 톡톡히 보았다. 그 결과 편도체는 대다수 상황을 실제보다 더 위험하다고 여기도록 진화되었다. 다시 말해 편도체는 종종 안전한 상황도 위험하다고 착각해 과잉 반응한다는 이야기다. 편도체가 방어 반응을 활성화할 때 무조건 신뢰해선 안 되는 이유다.

또한 편도체는 교감 신경계를 활성화하고 우리 몸이 싸우거나 도망치거나 그 자리에 얼어붙도록 fight, flight, or freeze 설계되었기 때문에 잘못된 대응을 불러올 수 있다. 선사 시대에는 이러한 행동이 유용했겠지만 현대 사회에서는 맞지 않을 때가 많다. 도망치거나 싸우는 것은 우리가 직면한 수많은 스트레스 상황에서 도움이 되지 않는다.

실제로 방어 반응이 활성화되면 합리적으로 대응하는 데 방해가 되는 경우가 적지 않다. 예를 들어 문제 해결을 위해서는 대화가 도움이 될 때가 많은데, 싸우거나 도망치려는 신체 반응과 감정 반응이 일어나면 차분히 대화를 이어가기가 어렵다. 얼어붙기 반응 역시 그리 도움 되지 않는다. 따라서 우리는 상황에 맞지 않게 활성화된 신체와 감정 체계에 적절히 대응할 필요가 있다.

자신에게 일어나는 방어 반응 관찰하기

편도체가 방어 반응을 일으킬 때 자신의 반응을 관찰해 보자. 깜짝 놀라든, 두려움을 느끼든, 약간의 공황 상태가 되든 그 감각에 대해 어떤 생각이 드는지 알아보자.

위협을 느꼈기에 위험이 존재한다고 가정했는가? 당신이 느끼는 감각(감정을 포함해)을 심각하게 받아들여야 한다고 생각하는가? 건강 문제, 예를 들어 심장마비 같은 문제가 있다고 생각하는가? 신체적, 감정적 반응을 무언가 나쁜 일이 일어날 신호로 받아들이는가? 자신의 삶에 힘들고 괴로운 일이 일어날 것이라 상상하기 시작했는가? 자신의 반응을 노트에 적어보자.

또 무언가를 꼭 해야만 할 것 같은 느낌이 든 적이 있는가? 몸이 경험하는 변화 때문에 필요한 것처럼 느끼지만, 최선은 아니라고 생각되는 행동을 하게 되었는가?

투쟁, 도주, 얼어붙기는 편도체가 가진 선택지일 뿐 당신에게 주어진 유일한 옵션이 아니라는 점을 명심하자. 편도체가 당신의 반응을 주도하는 흐름에 저항하면서, 호기심과 관심을 가지고 자신이 경험하고 있는 충동을 관찰해 보는 시간을 가져보자. (공황 발작을 겪고 있다면 대개 이 같은 마음챙김이 어려울 수 있다는 점도 유의하자.)

불안할 때 수반되는 신체 반응을 어떻게 받아들이느냐에 따라 더 큰 고통에 빠질 수도 있다. 실제로 존재하지 않는데도 위험이 도사리고 있다고 가정하고 있지는 않은지 주의하자.

편도체는 방어 반응을 유발할 때 종종 잘못된 판단을 한다는 점도 기억하자. 어떤 위협적인 요인도 존재하지 않고, 걱정하고 있는 상황이 전혀 발생하지 않을 때도 있다. 위협적인 요인이 실제로 존재한다고 할지라도 편도체가 생성한 반응(투쟁, 도주, 얼어붙기)이 직면한 상황에 적절치 않거나 필요하지 않을 수도 있다.

편도체가 몸과 마음에 어떤 식으로 영향을 미치는지 관찰하고 편도체에게 이렇게 말해 보자. "나를 지키려고 애써줘서 고마워. 하지만 편도체야, 나는 너의 반응에 무조건 휘둘리지는 않을 거야." 이제 심호흡, 운동, 주의 전환, 대화, 계획 세우기 등 21세기에 맞는 전략으로 대응하자. 이런 전략들은 편도체가 일으키는 반응보다 훨씬 더 유연하고 적절하게 상황에 대처하도록 도울 것이다.

07
수면과 편도체의 상관관계

수면은 다양한 이점을 제공하는 경제적인 불안 치료법이다.

잠이 부족하면 편도체가 더 민감하게 반응할 가능성이 높아진다. 잠을 제대로 자지 못했을 때 더 불안하고 짜증이 치솟았던 경험이 누구나 한 번쯤 있을 것이다.

이제는 뇌 스캐닝 기술의 발달로 편도체 활성화와 수면량 사이의 연관성을 입증할 수 있게 되었다. 단 하룻밤의 수면 부족으로도 편도체는 더 강하게 반응할 수 있다(유 등 2007). 달리 말하면 편도체에 필요한 수면을 충분히 취한다면 훨씬 더 안정된 상태를 유지할 수도 있다는 이야기다.

수면의 양뿐만 아니라 질도 편도체에 영향을 미친다. 잠을 잘

때 우리는 일련의 단계를 거치는데, 각 단계마다 다른 유형의 수면을 경험하며 이 단계들은 정해진 패턴에 따라 진행된다. 편도체에 가장 중요한 수면 단계는 급속 안구 운동REM: Rapid Eye Movement이라 불리는 렘수면 단계다. 이 렘수면이 부족할수록 편도체 활성화를 더 많이 경험하게 된다(프래더 등 2013). 렘수면 단계에서 편도체가 활성화되는 것을 관찰할 수 있는데, 이는 렘수면이 편도체의 기능과 명확히 연관되어 있음을 시사한다(수면 협회Sleep Foundation 2022).

렘수면은 보통 잠든 후 60~90분이 지나야 발생한다(수면 협회 2022). 또 렘수면은 수면 후반부에 가장 길게 지속되는 경향이 있다. 편도체에 필요한 렘수면을 경험하려면 긴 시간 수면을 취해야 한다는 뜻이다. 예를 들어 잠이 들고 처음 4시간 동안은 6~7시간이 경과했을 때에 비해 렘수면이 매우 적게 발생한다. 따라서 편도체의 안정에 도움이 되려면 적어도 6~7시간 정도 잠을 자는 것이 필수라고 하겠다.

수면을 우선순위에 놓는 방법

1. 잠을 충분히 자기 위해 노력한다. 수면이 불안을 줄이는 데 중요한 역할을 한다는 사실을 기억하자.

2. 주말에도 가능한 한 취침 시간을 일정하게 유지한다. 뇌는 정해진 일정에 익숙해져 있다. 변화가 생기면 수면 주기가 흐트러질 수 있다.

3. 잠들기 위해 술을 마시지 않는다. 알코올은 렘수면에 들어가는 속도를 지연시키고 렘수면 시간을 줄인다.

4. 취침 전 6시간 동안은 카페인을 피한다. 카페인을 섭취하면 잠이 들더라도 정상적인 수면 과정을 방해한다.

5. 적어도 일주일에 3~4일은 걷기라도 좋으니 규칙적으로 운동한다. 운동은 숙면에 도움이 된다.

6. 침실은 시원하고 조용하며 어둡게 조성해 방해 요소를 최소화한다. 수면을 방해할 수 있는 반려동물이나 가족 구성원의 영향도 고려해야 한다.

수면을 우선시할 것을 권하다 보면 이에 반하는 사회적 인식을 맞닥뜨리기도 한다. 가령 미국에서는 수면을 소중한 시간을 낭비하는 게으른 행동으로 여기는 경우가 왕왕 있다. 이 같은 태도는 개신교적인 노동 윤리에서 비롯된 것일 수 있지만, 어찌 됐든 수면을 시간 낭비로 보는 인식이 아직도 적지 않은 듯하다.

많은 사람들이 수면 중에는 뇌가 비활성화 상태일 거라고 생각하지만, 오히려 화학 물질 생성과 같이 일상적인 뇌 기능에 필요한 중요 활동이 자는 동안 일어난다. 수면은 면역력, 기억력, 기분 등 여러 필수 기능에도 중요한 역할을 한다. 매일 밤 충분한 수면 시간(7~8시간 정도)을 취하면 편도체가 안정되는 데 도움이 된다. 또 수면 시간을 기록해 놓으면 불안 증상을 악화시키는 패턴을 파악하는 데 유용하게 참고할 수 있다. 만약 하고 있는 일이나 잠자는 환경이 충분한 수면을 방해한다면 변화를 시도할 필요가 있다.

수면은 여러 가지 면에서 이점을 제공하는 경제적인 불안 치료법이다. 렘수면 중 발생하는 뇌 활동이 다음 날 편도체 활성화 감소와 연관이 있음을 증명한 연구도 있다(반 더 헬름 등 2011). 또 다른 연구에서는 수면 부족이 공황 발작을 유발한다고 보고되었다(뱁슨 2009). 필자가 만난 내담자들 역시 잠을 충분히 자지 못했을 때 종종 공황 발작을 겪었다고 밝힌 바 있다.

그러므로 충분한 렘수면으로 하루를 시작하면 평온한 하루를 보내는 데 유리한 출발을 할 수 있음을 기억하자.

08

웃음은
최고의 명약

무게를 덜고 조금 가벼워지자.
편도체가 웃음에 반응한다는 사실을 잊지 말자.

불안으로 어려움을 겪는 사람들은 삶을 매우 심각하게 받아들이는 경향이 있다. 그러다 보니 긴장을 풀거나 경계심을 내려놓기가 쉽지 않다. 머릿속이 걱정과 염려로 가득하고 불안한 생각에 사로잡혀 현재 순간에 집중하기 힘들다.

이는 뇌가 편도체에 지배당할 때 때 흔히 나타나는 현상이다. 편도체가 활성화되면 경계심이 높아지고 잠재적인 위협에 주의가 집중되면서 몸이 긴장한다. 이런 상황에서 어떻게 즐거울 수 있겠는가! 하지만 우리의 사고 과정을 편도체가 지배하게 내버려두면 삶을 즐길 기회를 놓칠 수 있다. 편도체가 걱정에 대처하는 방식은 방어 반응을 생성해 싸우거나, 도망치거나, 얼어붙도록 우리를 준비시킨다는 것을 기억하자. 옛 선조들에게는 이 같은 방어 반응이 유용했겠지만, 21세기를 살아가는 우리는 사정이 다르다.

스스로 의식적으로 반응하는 게 아니라 편도체가 우리를 보호하려고 반응을 통제하고 있음을 인식해야 한다. 생각을 바꾸자. 편도체가 옳다는 함정에 빠지지 말고, 마음을 가볍게 하고 일상에서 웃을 거리를 찾도록 노력하는 것이 필요하다. 유쾌한 웃음은 호흡을 변화시켜 더 깊이 숨 쉬게 한다. 그 결과 몸이 이완된다. 농담을 주고받고 장난을 치는 것은 위협에 집중하던 주의를 다른 곳으로 돌리게 하고 다른 이들과의 유대감을 강화한다. 유머는 사람들 사이의 긴장감을 낮추고 분위기를 밝게 북돋운다.

웃음이 편도체의 주의를 끈다는 증거도 있다. 편도체는 웃음에 의해서도 활성화되며(샌더, 브레히만, 셰이크 2023), 다른 사람의 웃음에 반응해 웃음을 유발하는 데도 관여한다(롬바르디 등 2022). 즉, 웃음은 전염되며 편도체가 여기에 영향을 미친다는 이야기다.

'웃음은 최고의 명약'이라는 말은 단순한 비유가 아니다. 웃음 치료는 정말로 효과가 있다. 일어날 위협에 대비하느라 몸이 긴장한 상태에서도 웃으면 몸에 변화가 일어난다. 편도체가 방어 반응을 일으키면 코르티솔과 아드레날린이 분비되지만, 웃으면 엔도르핀과 도파민, 옥시토신 같은 호르몬이 분비된다(임 2016). 엔도르핀은 행복감을 높이고 통증을 덜 느끼게 하는 화학 물질이다. 운동,

섹스, 초콜릿을 먹을 때 분비되며 이때 자연스레 기분이 좋아진다. 여기서 놀라운 사실 한 가지! 그저 웃기만 해도 엔도르핀이 분비된다. 웃음은 코카인을 복용했을 때 반응하는 뇌 부위를 활성화하는 천연 의약품과도 같다. 불안으로 고통받는 이들에게 가장 반가운 사실은 엔도르핀이 편도체가 만들어낸 방어 반응을 누그러트리는 해독제와 다름없다는 점이다(필로치, 까로, 후앙 2021). 웃음은 심박수와 혈압을 낮추고 긴장된 근육을 이완시킨다.

도파민은 웃을 때 분비되는 또 다른 화학 물질이다(임 2016). 즐거움과 보상을 체험하는 데 관여하며 기분을 좋게 만든다. 마지막으로 흔히 '포옹 호르몬'이라 불리는 옥시토신도 웃을 때 분비된다. 옥시토신은 사회적인 유대감 형성에 중요한 역할을 한다(우드버리-파리나, 슈바베 2015). 편도체는 도파민과 옥시토신 모두에 대한 수용체를 가지고 있으므로 웃음으로 두 호르몬이 분비되면 편도체는 직접적인 영향을 받는다.

웃는 시간 늘리기

어떤 유머가 당신을 웃게 하는가? 자신을 경험을 떠올려보고 어떤 상황이 웃음을 자아내는지 관찰해 보자. 다른 사람을 웃게 만드는 자신만의 방법이 있고, 그로 인해 기분이 좋아지기도 하는지 생각해 보자. 언어 유희, 몸 개그, 재치 있는 농담, 썰렁한 농담에 이르기까지 우리는 저마다 웃음 코드를 가지고 있다.

불안에 시달리는 사람들은 유머를 놓치기 쉽다. 그렇기에 더 적극적으로 웃고 즐길 수 있는 기회를 찾아야 한다. 당신을 웃게 만드는 친구, 가족, 동료가 있는가? 그들이 당신 삶의 유용한 자산임을 잊지 말라. 웃으면 웃을수록 스트레스와 불안을 잘 이겨낼 수 있다.

당신을 웃게 만들고 미소 짓게 하는 것들을 노트에 적어보자. 고양이 동영상, 유쾌한 콘텐츠, 영화, 재미있는 보드게임, 어떤 것이든 좋다. 당신을 웃게 만드는 사람, 반려동물, TV 프로그램, 활동 등을 생각해 보자. 그리고 이러한 것들을 더 많이 접하기로 다짐하는 거다. 특별히 더 많이 시간을 할애하고 싶은 것에 별표를 한다. 매일 웃을 수 있는 기회를 만들자!

이렇게 소소한 웃음의 기회를 마련해 두면 불안에 매몰되어 지나치게 심각해지는 것을 막을 수 있다. 무게를 덜고 조금 가벼워지자! 그게 어렵다면 당신을 웃게 만드는 유머 감각을 지닌 사람들과 함께하며 시간을 보내자. 편도체가 웃음에 반응한다는 사실을 잊지 말자.

09

편도체는
운동을 원한다

편도체를 설득하는 대신 몸을 움직여보자.
편도체가 도망쳐야 한다고 말하면 빠르게 걷자.

편도체가 투쟁, 도주 혹은 얼어붙기 반응을 활성화한다는 사실을 알면 불안 반응을 이해하는 데 도움이 된다. 불안과 공포에 대한 반응은 지극히 신체적인 경험으로 나타난다. 심장이 쿵쾅거리고, 혈액이 근육으로 몰리면서 어지러움을 느끼거나 근육이 긴장되어 몸이 뻣뻣하게 굳는다면 편도체가 방어 반응을 활성화했다는 뜻이다.

위협을 느낄 때 우리 몸은 싸우거나 도망칠 수 있게끔 준비를 하고 그 과정에서 수십 가지 변화가 일어난다. 무언가를 몹시 피하고 싶거나, 어떤 상황을 벗어나고 싶거나, 무언가를 공격하고 싶은

강한 충동을 느낀다면 편도체가 위협으로부터 당신을 보호하기 위해 당신의 몸을 통제하고 있다는 신호일 수 있다.

이 같은 신체적 반응을 이해하면 방어 반응이 활성화되었을 때 우리 몸이 운동, 특히 유산소 운동을 하기에 적합한 상태임을 알 수 있다. 그렇다면 활성화된 그 상태를 이용해 신체 활동을 해 보면 어떨까? 스트레스를 유발하는 전화를 받고 나서 바로 실내 자전거를 탄다는 게 처음에는 이상해 보일지 모른다. 하지만 운동이 바로 편도체가 원하는 일이다. 신체 활동, 심지어 산책처럼 간단한 활동일지라도 체내에 분비된 아드레날린을 효과적으로 소비할 수 있다. 반대로 아무런 신체 활동을 하지 않으면 아드레날린의 여파가 우리 몸에 더 오래 남게 된다.

논리적인 설명으로는 편도체를 설득할 수 없다. 편도체는 논리에 기반해 작동하지 않기 때문이다. 직장에서 프레젠테이션을 발표할 때, 지금은 편도체의 방어 반응이 필요한 위험 상황이 아니라고 아무리 마음속으로 상기해도 편도체는 진정되지 않는다. 편도체에게 진정하라고 종용하는 대신 몸을 움직여보자. 편도체가 도망쳐야 한다고 부추긴다면 빠르게 걷자. 우리(필자)는 농담처럼 이렇게 말하곤 한다.

"일단 편도체한테 행동을 취했다는 신호를 몸으로 보내세요. 그러면 편도체가 진정할 거예요."

운동으로 대응하기

이제부터 편도체가 방어 반응을 활성화할 때는 자신의 신체 능력에 맞는 운동을 해 보자. 불안감을 느낄 때는 대근육을 활성화하는 유산소 운동이 편도체 활성화를 감소시키는 데 가장 효과적이다(드보어 등 2012).

의사가 추천했거나 자신이 즐길 수 있는 적당한 운동이 좋다. 음악을 틀고 20분 동안 춤을 춰도 좋다. 조깅을 하거나, 빠르게 걷거나, 수영을 하거나, 사무실 계단을 올라도 좋다. 최소 20분 동안 심박수를 적당히 높이면서 몸을 움직이는 활동이라면 무엇이든 도움이 된다.

격렬한 운동을 마치면 긴장했던 근육이 이완되고, 엔도르핀 분비도 촉진됨을 경험할 수 있을 것이다(본, 브라운스틴, 가라뇨 2004). 많은 연구에서 운동이 불안을 감소시키는 데 효과적이라고 확인된 바 있다(엔사리 등 2015; 리바 등 2015). 운동을 통한 불안 감소 효과는 보통 20분 이내에 나타나는데(앤더슨, 시바쿠마르 2013; 첸 등 2019), 이는 대개의 약물이 보이는 효과보다 빠르다.

운동은 단순히 불안감을 해소하는 효과만 있는 게 아니다. 운동은 편도체에 "내가 조치를 취했어! 그러니 너는 이제 좀 진정해도 돼."라는 메시지를 보낸다. 그런 다음에는 편도체를 자극했던 문제에서 벗어나 다른 일에 집중해 보자.

운동은 불안을 완화할 뿐 아니라 편도체에 직접적인 영향을 미친다는 사실을 이해해야 한다. 운동은 편도체의 뇌 화학 물질과 뉴런에 변화를 일으켜 편도체 활성화에 제동을 거는 것으로 나타났다(크리스티안슨, 그린우드 2014).

운동은 편도체가 뇌의 다른 영역과 상호작용하는 방식에도 변화를 가져온다(첸 등 2019). 편도체는 불안 생성과 관련해 뇌의 여러 부분에 신호를 보내는데, 격렬한 운동이 이러한 신호 전달 방식에 변화를 준다. 이는 마치 음식을 섭취하면 장과 간에서 분비된 화학물질이 배고픔을 없애는 것처럼 신체 활동을 하면 뇌의 특정 메커니즘이 작동해 편도체를 재설정한다고 볼 수 있다.

10
마음챙김 명상으로
현재에 머무른다

마음챙김은 걱정과 불안으로 향하는 마음을 돌려 지금 이 순간으로 데려온다.

편도체는 위협으로 간주되는 대상에 주의를 집중하도록 설계되었다. 반면에 명상은 생각의 방향을 통제하고 집중력을 유지하는 방법을 가르쳐 준다. 명상을 시작하기에 앞서 마음을 '통제'한다는 것이 당신이 생각하는 것과 다를 수 있음을 알아야 한다.

마음은 텔레비전처럼 자신 혹은 누군가가 TV 채널을 바꾸기 전까지 특정 채널에 고정되는 게 아니다. 마음은 끊임없이 다양한 종류의 인식을 경험한다. 주변에서 보이고 들리는 정보를 처리하고 갖가지 생각, 기억, 의도를 경험한다. 어느 한 곳에 확고히 고정되지 않으며 건강한 마음은 수시로 인식의 변화를 경험한다.

사람들은 흔히 명상을 마음을 비우는 것이라고 생각하지만, 마음은 본디 비울 수 있는 게 아니다. 우리 마음은 언제나 무엇인가를 떠올리고 있기 마련이므로. 다만 명상을 훈련하면 마음을 더 잘 통제하는 법을 배울 수 있다. 여기서 말하는 통제란 무언가를 단단히 억제하는 게 아니라, 무엇을 바라볼지 스스로 선택할 수 있는 것에 가깝다.

우리가 눈으로 무언가를 바라볼 때는 그것 하나만을 딱 고정해서 보지 않는다. 의식적으로 하나만 보려고 해도 자연스럽게 시선이 돌아가곤 한다. 마찬가지로 마음도 이리저리 자연스레 떠돌아다닌다. 다만 집중하고자 하는 것에 다시 주의를 모으도록 노력할 수는 있다. 마음의 집중을 유지하지 못해 자주 주의를 돌려야 한다고 해서 낙심할 필요는 없다. 이는 자연스러운 현상이다.

주변에서 발생하는 소리나 움직임, 머릿속을 스치는 생각들로 주의는 쉽게 흐트러지기 마련이다. 하지만 그때그때 주의를 다시 되돌리다 보면 마음을 통제하는 능력이 향상된다. 반복적인 운동으로 근육을 강화시키는 것처럼 집중하는 힘도 향상시킬 수 있다. 시선과 마찬기지로 마음도 어느 하나에 단단히 고정뇌지 않는 것이 그 본성임을 상기하자. 마음이 다른 곳으로 열 번 움직이면 열 번 제자리로 돌려놓자.

마음챙김mindfulness 명상은 가장 기본적인 명상 유형 중 하나다. 마음을 챙긴다는 것은, 감각을 인식하는 것을 시작으로 현재의 경험을 있는 그대로 받아들이고 거기에 집중함을 의미한다. 한 번에 한 가지 감각에 집중하는 것부터 시작해 보자. 예를 들어 지금 위치에서 들리는 모든 소리를 몇 분간 들어본다. 이전까지 들리지 않았던 온갖 소리가 들릴 것이다. 히터 돌아가는 소리, 째깍째깍 시계 소리, 자신의 숨소리……. 감각에 집중할 때 비교적 쉽게 집중력을 통제할 수 있음을 마음챙김 명상을 통해 배울 수 있다.

또한 감각에 집중하면 현재의 순간에 머무를 수 있다. 당신이 보고, 듣고, 냄새 맡고, 느끼고, 맛보는 것이 지금 이 순간과 연결되어 미래에 대한 걱정이나 과거의 회한에서 벗어날 수 있게 한다. 걱정이나 지나간 문제에 집중하다 보면 편도체가 활성화되어 불안을 유발한다. 실상은 안전한 장소에 있음에도 불구하고 혈압이 상승하고 스트레스가 증가한다.

편도체의 방어 반응을 일으키는 생각이나 이미지에 집중하는 대신 바람 소리에 귀를 기울이는 등 감각을 이용해 주의를 전환하면 편도체는 진정된다.

마음챙김 명상으로 편도체 진정시키기

필자는 주로 음식에 집중하는 것으로 마음챙김 명상을 시작한다. 사탕이나 과일 같은 것을 사용하면 좋다. 물론 어떤 음식이든 상관없다. 원하는 것으로 준비하자. 가령 박하사탕을 이용한다고 상상해 보자. 이 사탕을 마음챙김으로 경험하기 위해 모든 감각을 사용할 것이다.

먼저 눈으로 시작해 보자. 사탕을 자세히 살펴본다. 사탕이 포장지에 싸여 있는가? 포장지는 어떤 색이며, 무엇이 적혀 있는가? 마음챙김의 특징 하나는 전에는 신경 쓰지 않았던 새로운 부분, 세부적인 것들을 인식하는 데 있다.

포장지를 벗길 때는 눈에 보이는 것뿐 아니라 소리에도 주의를 기울여보자. 그런 다음 사탕을 자세히 살펴보며 세부적인 것들을 관찰한다. 감각을 바꿔 냄새를 맡아보자. 사탕을 입에 넣고 맛을 보자. 사탕을 혀 위에서 이리저리 굴리며 느껴지는 감각에 집중한다. 마지막으로 사탕을 깨물고 사탕이 깨졌을 때의 촉감과 맛이 어떻게 변하는지 주의 깊게 관찰해 보자.

마음챙김이 주의를 다시 되돌리는 방식은 **놀랄** 민큼 효과적이다. 불안을 떨쳐낼 수 없을 때 꼭 한번 시도해 보길 바란다. 마음챙김 명상은 생각을 다시 현재로 데려온다. 게다가 명상을 할 때마다 주의력 전환에 도움이 되는 신경 회로가 개발되고 강화된다. 그 결과 우리가 원하는 대상에 집중하는 능력을 키울 수 있다.

# 11
## 불안의 양상을
// ## 이해한다

불안이 최고조에 달하는 순간은
트리거를 맞닥뜨렸을 때가 아니다.

불안은 신체가 방어 반응 모드에 있을 때 느끼는 감정이다. 편도체가 활성화되면 자신을 보호할 목적으로 불쾌한 신체 반응이 일어난다. 투쟁, 도주 혹은 얼어붙기 반응은 근육 긴장부터 두근거림에 이르기까지 여러 증상으로 나타나고, 감정 역시 막연한 두려움부터 극심한 공포에 이르기까지 다양한 변화를 느낀다.

이때 '불안의 양상'을 살펴보는 것이 도움이 될 수 있다. 불안의 양상이란 시간에 따라 불안이 증가하고 감소하는 추이를 뜻한다. 불안이 나타나는 양상, 다시 말해 불안의 패턴을 살펴보면 아마도 놀랄지 모르겠다. 불안은 우리가 예상하는 순간에 최고조에 이르지 않는다.

　사람들은 불안이 논리적인 패턴을 따를 거라고 믿는다. 결혼식에서 건배사를 말해야 할 때, 비행기를 탈 때, 지불할 능력이 없는 청구서 더미를 처리해야 할 때처럼 불안을 유발하는 상황에 직면하면 불안감이 어떨지 대강은 안다고 여긴다. 대부분은 문제 상황에 가까워질수록 불안이 점점 커지다가 그 상황을 맞닥뜨리면 최고조에 달하리라 예상할 것이다. 그리고 그 상황을 벗어나지 않는 한 불안은 쭉 지속될 거라고 여긴다. 불안이 지속된다니, 절망스럽기 짝이 없다. 하지만 다행스럽게도 이는 사실이 아니다.

　불안감은 불안을 일으키는 유발 요인, 즉 트리거trigger를 직면하기 직전에 최고조에 이르는 특성을 지닌다. 보통은 트리거를 맞닥드렸을 때 불안이 가장 커지리라 생각할 테지만, 불안이라는 것이 편도체가 투쟁, 도주 혹은 얼어붙기 반응을 준비하는 과정의 일부라는 사실을 떠올린다면 왜 그렇지 않은지 이해할 수 있다.

　편도체는 위협적인 상황에 직면하기 전에 작동한다. 이렇게 생각해 보자. 호랑이에게 잡아먹힌 후에 편도체가 반응한다면 그건 너무 늦지 않은가. 편도체는 싸우거나, 도망치거나 아니면 들키시 않기 위해 꼼짝 않게 만드는 등 위험을 관리하도록 미리 생존 반응을 준비시킨다. 그래서 불안의 양상이 트리거를 직면하기 직전에 가장 강하게 나타나는 것이다.

　군중 앞에서 연설해야 하는 상황을 가정해 보자. 연설 시간이

다가올수록 불안이 증가하다가 청중 앞에 서기 직전에 최고조에 이른다. 하지만 놀랍게도 연설을 시작하고 나면 불안이 잦아든다. 이는 투쟁, 도주 혹은 얼어붙기가 먼저 작동하는 성질을 가지고 있기 때문이다.

사람들은 트리거 상황에 머물면 불안이 지속될 것이라 생각하지만 위험 요소가 더 나타나지 않는 한 대체로 편도체는 진정된다. 물론 그렇지 않은 경우도 있다. 3부에서 우리는 대뇌피질이 어떻게 위협적인 생각을 만들어 편도체를 활성화 상태로 유지하는지 살펴볼 것이다. 다만 이때도 대뇌피질이 평온한 생각에 집중하면 편도체는 상황이 안전하다고 인식한다. 그래서 트리거가 존재하더라도 투쟁, 도주 혹은 얼어붙기 반응이 감소한다.

이 같은 불안의 양상을 이해하면 트리거에 직면했을 때 불안이 최고조에 이를 거라는 오해를 정정할 수 있다. 비행에 대한 공포로 힘들어하는 어느 내담자가 이렇게 말한 적이 있다. "비행기를 타기도 전에 이렇게 무서운데 비행 중에는 얼마나 더 무서울까요?" 하지만 그는 비행하는 도중이 오히려 덜 긴장된다는 사실을 알고 적잖이 놀랐다.

이런 거다. 편도체가 당신에게 도망치라고 신호를 보내지만 당신이 도망치지 않고 트리거와 마주하면, 편도체는 위험이 없음을 확인하고 진정할 것이다. 근육 긴장과 같은 신체 반응은 바로 누그러들지만 다른 반응들은 잦아드는 데 다소 시간이 걸릴 수 있다.

하지만 분비된 아드레날린의 효과가 사라지면 당신은 예상했던 것보다 훨씬 더 차분해질 것이다. 다시 말하지만 불안이 가장 커지는 시기는 대체로 상황에 직면했을 때가 아니라, 직면하기 직전이다.

자신의 불안 양상 살펴보기

자신의 불안 경험을 되짚어보자. 특정 상황에 놓이기 직전에 불안감이 최고조에 이르고, 정작 그 상황을 맞닥뜨렸을 때는 그렇지 않았던 것을 알 수 있는가?

가벼운 불안을 유발하는 상황(가령 낯선 사람이 집을 방문하는 것)과 중대한 불안을 유발하는 상황(교통사고 후 운전 재개하는 것)을 모두 고려해 보자. 각각의 상황을 떠올린 후 불안 수준이 어떻게 달라지는지 노트에 평가해 보자. 이 같은 활동을 통해 두려운 상황에 놓이기 직전에 불안이 최고조에 이르는 경향이 있는지 직접 확인해 보자.

불안은 본디 예상에서 비롯되는 증상이다. 방어 반응에서 기인하며, 위협이 실제로 존재하지 않음을 알게 되면 감소할 수 있다. 이런 사실을 이해하면 불안을 극복하는 데 큰 도움이 될 수 있다.

12

일상에 놀이를 더해야 하는 이유

완벽히 안전하다는 기분이 들 때까지
기다리지 말자. 일단은 삶에 즐거움을 더하자.

불안이 엄습할 때, 즉 편도체가 분주하게 방어 반응을 생성할 때 몸은 긴장하고 마음은 괴롭고 머릿속은 온통 위협에 대처할 방법을 찾는 데 집중한다. 이런 상태가 오래 지속되면 삶은 여러 가지 제약이 생기기 마련이다. 매일 긴장을 놓지 못하고 즐거움은커녕 사소한 일도 심각하게 받아들여 걱정으로 속을 태운다.

이런 상황에서 즐겁게 놀거나 농담을 하는 게 적절하지 않다고 생각할 수도 있을 것이다. 잠재적인 위험이 곧 닥칠 것 같은데 장난을 친다는 건 이상하다고 느끼는 거다. 하지만 웃고 즐기는 행동은 활성화된 편도체를 진정시키는 데 가장 효과적인 방법 가운데 하나다!

편도체는 종종 상황을 오해하거나 위험을 과대평가하기 쉬우므로 무조건 신뢰해선 안 된다는 점을 잊지 말자. 편도체가 완전히 진정될 때까지 기다린 다음 긴장을 풀고 즐기려고 한다면, 삶의 주도권을 편도체에게 넘겨주는 것과 다름없으며 많은 즐거움과 행복을 놓치는 일이 될 것이다.

많은 사람이 어떤 이유로건 긴장을 늦출 만큼 충분히 안전하다고 느끼지 못한다. 그래서 자신도 모르게 취미 활동이나 스포츠, 게임 활동을 억누른다. 어떤 이들은 놀이는 아이들의 전유물이며 성인은 진지해야 하고 한가로이 즐기며 시간을 보내선 안 된다고 믿는다. 그러나 성인기는 오히려 놀이를 통해 더 성숙해지고 풍요로워진다.

불안이 사라질 때까지 기다리거나, 친구가 화가 났을까 봐 걱정하거나, 다가오는 회의를 걱정하거나, 이메일을 반복해서 확인하는 대신 여가 활동을 즐겨보자! 휴대전화로 게임을 해도 좋고 가족이나 친구에게 카드게임이나 보드게임을 하자고 해도 좋고 강아지와 공놀이를 해도 좋다. 완벽히게 안전하다는 기분이 들거나 상황이 원하는 대로 해결될 것이라는 확신이 들 때까지 기다리지 말라. 일단 일상에서 즐거움을 부여해야 한다.

상황을 가볍게 받아들이고 여유를 허락해 보자. 유머나 장난으로 기분을 돋우는 것도 좋다. 친구, 가족과 함께 웃고 장난을 쳐

보자. 일부러라도 유쾌한 사람과 어울리자. 자신에게서, 그리고 일상에서 재미를 찾아보는 거다. 두려움과 걱정 속에 사는 대신 유쾌하게 지낼 기회를 가지면 자신뿐 아니라 주위 사람들에게도 기쁨과 즐거움을 선사할 수 있다.

일상에 즐거운 활동 더하기

의식적으로 즐거운 활동과 취미를 일상에 더하도록 노력하자. 하루에 적어도 30분은 재미있는 활동을 계획하되, 부담을 느끼지는 말자. 일단 자신이 즐길 만한 활동을 생각해 본다.

컬러링이나 뜨개질, 축구, 소프트볼, 보드게임, 퍼즐을 좋아하는가? 한때는 즐겼지만 최근 들어 하지 않는 것이 있는가? 어릴 때 좋아했던 것 중에 아직도 관심이 가는 활동은 없는가?

다음의 표는 가볍게 즐길 수 있는 활동과 취미의 예다. 자신이 즐겁고 재미있게 할 수 있는 활동을 선택해 보자. 꼭 잘할 필요는 없다. 그저 즐길 수 있으면 된다. 다른 사람 없이 혼자 할 수 있는 활동도 해 보자. 인터넷에 '성인을 위한 여가 활동' 등을 검색해 보는 것도 좋다. 자신이 가장 좋아하는 활동을 노트에 적어보자.

카드게임(혼자 하는 게임 포함)	수상 스포츠
스포츠	식물 기르기
캘리그라피나 컬러링	아이와 놀기
퍼즐	수집
비디오 게임	반려동물과 놀기
베이킹	쇼핑
그림 그리기	조류 관찰
산책	노래하기
보드게임	악기 연주
가드닝	전시회 관람
글쓰기(시 포함)	음악 감상
댄스	영화 감상
독서	스포츠 관람
줌바	인테리어(집 꾸미기)

불안을 겪는 사람들은 대개 경계를 늦추지 않고 늘 신경이 곤두서 있다. 일이 잘못될까 봐 전전긍긍하며 자신에게 나타나는 신체적·정신적 증상에 끊임없이 주의를 기울인다. 잠재적인 위험에 과도하게 집중하면 편도체가 활성화되고 삶이 지배당한다. 그 결과 웃음과 재미가 있는, 훨씬 더 만족스러운 삶을 누릴 기회를 빼앗겨 버린다.

일상 속에서 즐길 거리는 꼭 필요하다. 미국의 정신분석학자 에릭 에릭슨은 "아이는 놀이를 통해 다음 발달 단계로 성장한다."라고 말하며 "어른은 놀이를 통해 일상에서 벗어나 새로운 현실을 경험한다."라고 덧붙였다. 놀이는 우리가 시간을 할애할 가치가 있는 아주 멋진 현실이다.

13

편도체 친화적인
생활 습관

자신도 모르게 편도체 활성화를 부추기는
생활 습관을 가지고 있진 않은지 점검한다.

편도체가 필요로 하는 것을 고려하는 생활을 할수록 불안감을 덜 느끼게 된다. 우리는 현대의 뇌 영상 기술을 통해 편도체가 다양한 상황에서 어떻게 반응하고, 어떤 요인이 편도체의 반응성에 영향을 미치는지 관찰할 수 있게 되었다. 또 편도체가 활성화할 때 신체 반응과 불안이 커지고 편도체의 활성화가 잦아들 때 몸과 마음이 평온해진다는 사실도 확인했다. 이를 이용해 편도체의 활성을 줄이는 생활 습관을 들이면 불안 수준이 전반적으로 낮출 수 있다.

겨우 하룻밤의 수면 부족으로도 편도체가 더 예민하게 반응할 수 있다는 연구 결과가 있다(유 등 2007). 하물며 빈번히 수면 부족을 겪는다면 편도체는 어떻게 될까? 과도한 반응을 일으킬 게 뻔하다. 편도체가 무엇인지 모르는 우리들의 어머니조차 잠을 안 자면 짜증 부릴 거라며 잔소리를 하곤 한다. 편도체는 적어도 7~8시간 정도 쭉 이어서 자는 것을 좋아한다. 잠이 들고 6시간 정도가 지나야 긴 렘수면이 이루어지기 때문이다. 매일 밤 의식적으로 잠을 충분히 자려고 노력해 보면 불안이 현저하게 감소하는 것을 경험하고 놀랄지도 모르겠다.

식습관도 편도체에 영향을 미칠 수 있다. 편도체는 혈당 수치를 감지하는 수용체가 있으며, 혈당이 낮을 때 더 강하게 반응하는 경향이 있다(맥네이 2015). 따라서 규칙적인 식사를 하고 심한 공복 상태를 피하는 것이 도움이 된다. 참고로 단백질은 탄수화물보다 체내에 더 오래 머문다. 탄수화물은 에너지를 빠르게 공급하지만, 그 대신 금방 사라질뿐더러 저혈당을 일으킬 수 있다.

카페인은 일부 사람에게서 불안감을 높이는 작용을 한다. 세계에서 가장 인기 있는 약물(로저스 2007)이라고 말할 수 있는 카페인은 그 영향이 일상에서 도드라지지 않는 탓에 불안과 무관하다고 인식되는 경향이 있다. 하지만 카페인은 교감 신경계를 활성화하고 아드레날린 분비를 촉진해 심박수와 혈압을 높이고 불안 증상을 악화시키는 원인이 될 수 있다. 게다가 각성 효과로 피로에 둔감하게 만들고 규칙적인 수면 패턴을 방해해 수면 시간과 수면의 질을 떨어뜨린다(로엘스, 로스 2008; 왓슨 등 2016). 숙면을 취하려면 잠자리에 들기 전 최소 6시간 전에는 카페인을 섭취하지 않는 게 좋다.

편도체의 활성화를 억제할 수 있는 또 다른 중요 습관으로 운동이 있다. 불안을 느낄 때 20분 정도의 유산소 운동을 하는 것만으로도 불안감을 완화할 수 있으며(앤더슨, 시바쿠마르 2013; 첸 등 2019), 약 15분만 운동해도 편도체의 반응성이 감소하는 것으로 나타났다(슈미트 등 2020).

일주일에 3~5회, 최소 30분 이상 주기적으로 운동하면 신체와 편도체에 지속적인 변화를 가져올 수 있다. 규칙적인 운동은 전반적인 불안 수준을 낮추고 교감 신경계의 활성화를 줄인다(앤더슨, 시바쿠마르 2013). 2~3일을 주기로 25분씩 12회 정도 운동을 한 사람들은 운동을 하지 않은 사람들에 비해 전반적으로 불안감을 적게 경험한 것으로 나타났다(라타리 등 2018).

그뿐만이 아니다. 규칙적인 운동은 편도체 자체에도 변화를 가져온다. 규칙적으로 운동하면 편도체의 뉴런이 덜 활성화된다(하이슬리 등 2007). 특히 대근육군을 사용하는 운동은 편도체 활성화를 감소시키는 데 매우 효과적이다. 여기에 특별한 훈련이 필요한 것도 아니다. 규칙적으로 빠르게 걷기만 해도 불안 증상을 완화하고 편도체에 변화를 일으킬 수 있다.

생활 습관 점검하기

다음 문항에 '그렇다', '아니다'로 답해 보자.

1. 일정한 시간에 잠자리에 든다.
2. 매일 밤 적어도 7~8시간 잠을 잔다.
3. 잠자리에 들기 전 적어도 6시간 전부터는 카페인을 섭취하지 않는다.
4. 식사를 규칙적으로 하고, 아침을 챙겨 먹는다.
5. 종종 간식으로 단것이나 탄수화물을 먹는다.
6. 카페인을 섭취하면 불안감을 느끼거나 각성 상태가 된다.
7. 하루 중 장시간 공복 상태일 때가 있다.
8. 식사를 하지 않으면 어지럽거나 몸이 떨리거나 짜증이 날 때가 종종 있다.
9. 일주일에 적어도 3회 이상 규칙적으로 유산소 운동을 한다.

5번, 6번, 7번, 8번 문항에 '그렇다'라고 답했다면 생활 습관을 돌아봐야 한다. 나머지 문항(1~4번, 9번)에 '아니다'라고 대답한 경우도 점검할 필요가 있다. 자신의 생활 습관을 편도체 친화적으로 만들어보자.

생활 습관을 점검해 보면서 자신도 모르게 편도체 활성화를 부추기고 있지는 않은지 살펴보자. 편도체를 진정시키는 방향으로 생활 습관을 차차 개선하면 일상에서 느끼는 스트레스도 한결 줄어들 것이다.

14

얼어붙기 반응에 대한 대처

자신을 보호하기 위한 본능적인 반응이며
안전하기 위한 편도체의 노력임을 기억하자.

스트레스가 극심한 상황에 놓이면 우리는 때로 얼어붙기 반응을 보인다. 얼어붙기는 편도체의 투쟁 혹은 도주 반응의 일부로 투쟁, 도주, 얼어붙기를 편도체의 3대 반응이라 일컫기도 한다(르두 2015). 얼어붙기 반응은 인간 외에 동물에게서도 자주 목격된다. '헤드라이트에 비친 사슴a deer in the headlights'이라는 영어 관용어구가 '너무 놀라 꼼짝 못 하는'이라는 의미를 갖는 것도 그런 이유에서다.

몸이 굳어 버리는 반응은 우리가 선택한 행동이 아니라, 포식자의 먹잇감으로 살아온 선사 시대에서 비롯되었다. 포식자로부터 도망칠 수 없는 동물들은 발각되지 않도록 움직이지 않고 있는 것이 목숨을 구하는 방법이었다.

다른 동물과 마찬가지로 인간도 주의를 끌고 싶지 않을 때 본능적으로 얼어붙는다. 스트레스가 극심한 상황이라면 투명인간이 되기를 바랄지도 모른다. 투쟁 반응이 활성화되었더라도 싸우는 것이 안전하지 않다고 느낄 때는 얼어붙기 반응을 보인다. 가령 당신에게 함부로 말하는 상사에게 맞서고 싶은 충동을 느끼더라도 투쟁 반응이 안전하지 않다고 여기면 얼어붙기 반응으로 대응한다.

얼어붙기 반응이 일어나면, 투쟁 혹은 도주 반응 상태에 있을 때와 마찬가지로 대뇌피질의 사고 과정이 원활히 작동하지 않는다. '얼어붙은' 상태에서는 명확히 사고하거나 다른 사람이 하는 말을 제대로 이해하기가 어렵다. 자주 얼어붙는 사람들은 종종 자신이 '정신을 놓아버린' 것은 아닌지 걱정한다. 하지만 사고의 혼란은 얼어붙기 반응의 정상적인 과정이다. 편도체가 그런 방식으로 반응하게 만든 것이다. 일단 얼어붙기 반응이 일어나면 몇 분 동안 아무것도 하지 못하는 것 말고는 다른 선택지가 거의 없다.

얼어붙기 반응이 일어나면 근육이 축 늘어지는 게 아니라 긴장되어 뻣뻣해진다. 어떤 사람들은 의식을 잃을까 봐 걱정하지만, 의식을 잃는 것은 얼어붙기 반응이 아니다. 동물이 위험에 처했을 때 가끔 '죽은 척'하는 걸 볼 수 있는데 이것이 바로 얼어붙기 반응에 해당한다. 얼어붙기 반응에서는 의식을 잃고 쓰러지지 않는다(르두 2015).

얼어붙기 반응은 감당하기 어려운 상황을 맞닥뜨렸을 때 종종 발생한다. 이때 다시 평소의 안정된 상태로 돌아가려면 주변을 둘러보거나 심호흡하는 것이 가장 효과적이다. 다음에 소개하는 활동들을 평소에 연습해 두면 필요할 때 유용하게 써먹을 수 있을 것이다. 얼어붙기는 자기 자신을 보호하려는 본능적인 반응이며, 자신을 안전하게 지키기 위한 편도체의 노력임을 잊지 말자.

얼어붙기 반응에 대처하는 법

다음의 활동을 연습해 보자. 꾸준히 연습해 익숙해지면 얼어붙기 반응이 발생했을 때 이를 이용해 곤란한 상황에서 벗어날 수 있을 것이다.

1. **천천히 깊게 숨을 들이마시고 가능한 한 완전히 내쉰다.** 심호흡에 익숙해지면 얼어붙기 반응이 발생했을 때 저절로 심호흡을 할 수 있다. 이러한 호흡은 부교감 신경계를 활성화해 얼어붙기 반응에서 벗어나도록 돕는다.
2. **그런 다음 주변을 둘러본다.** 몸이 얼어붙어도 눈은 움직여 주위

를 둘러볼 수 있다. 먼저 자신이 어디에 있는지 떠올려보자. 소리 내어 말할 필요는 없다. 마음속으로 생각하자. 그런 다음 주위를 둘러보며 보이는 물건의 이름을 마음속으로 하나씩 말한다. 그러다 보면 고개를 조금씩 움직일 수 있고 주변 상황을 파악할 수 있다.

3. **주변을 살펴본 다음에는 다른 감각에 집중해 본다.** 무엇이 들리는가? 무슨 냄새가 나는가? 소리나 냄새의 출처가 보이거나 식별할 수 있는가?

4. **안전하다고 느껴지면 먼저 머리를 움직여보고 그다음 손과 팔을 움직여보자.** 이것은 곧 정상적으로 움직일 수 있다는 긍정적인 신호다.

간단한 루틴이지만, 마음챙김의 하나로 연습해 두면 실제로 얼어붙기 반응이 나타났을 때 적절히 대처할 준비가 되어 있음을 느낄 수 있을 것이다.

15

편도체를 잠재워라

> 침대에 누워 내일을 걱정하거나 문제를 곱씹다 보면 편도체의 주의를 끌게 된다!

피곤에 절은 몸으로 잠자리에 누웠지만 쉽게 잠들지 못할 때가 자주 있는가? 잠을 자고 싶은데 잠들지 못하는 이유는 무엇일까? 이 역시 편도체가 원인일 수 있다.

침대에 누워 내일을 걱정하거나 오늘 있었던 일을 곱씹다 보면 잠재적 위협에 집중하게 되고, 편도체의 주의를 끌게 된다! 우리의 보호자를 자처하는 편도체는 위험을 감지하기 위해 경계 태세를 늦추지 않는다. 몸은 편안히 누워 있을지라도 머릿속이 온통 위협적인 생각으로 가득하면 편도체는 교감 신경계를 활성화할 것이고, 결국 긴장을 풀고 잠들기 어려워진다.

잊지 말자. 우리는 걱정이 많은 인류의 후손이다. 우리 선조들은 근처를 어슬렁거리는 호랑이를 떠올리며 잠들지 못했던 사람들이다. 그들은 잠을 자지 않고 위험에 대한 경계 태세를 늦추지 않은 덕에 생존율을 높일 수 있었다. 그런 선조에게서 위험에 주의를 기울일 때 잠들지 못하는 편도체를 물려받았다는 이야기다.

하지만 현대 사회에서는 일어나지도 않은 위협을 생각하며 깨어 있는 것이 하등 도움 되지 않는다. 우리가 마주하는 위험은 어슬렁거리는 호랑이가 아니라 사랑하는 사람들과의 갈등, 쌓인 청구서, 직장에서의 요구 같은 것이다. 실익 없이 귀중한 수면 시간을 잃는 것은 여러모로 손해일 뿐만 아니라 다음 날 편도체를 더욱 예민하게 만들기까지 한다. 그렇다면 어떻게 해야 편도체를 잠재울 수 있을까?

필자가 만난 내담자 중에는 텔레비전 앞에서는 잠이 오는데 침대에만 누우면 잠이 달아난다는 사람들이 종종 있다. 여기에 단서가 있다. 우리가 TV쇼와 같이 비위협적인 정보에 주의를 기울일 때 편도체 활성화가 감소한다. 그렇다고 텔레비전 시청을 수면 루틴의 일부로 만드는 것은 해결책이 되기 어렵다. 텔레비전 화면이 방출하는 블루라이트는 각성 효과를 일으키고 멜라토닌 분비를 억제해 잠이 드는 데 걸리는 시간을 늘리기 때문이다(창 등 2015).

결국 잠자리에서 화면을 보는 일은 잠드는 시간을 늦추고 귀중한 렘수면 시간을 감소시킨다. 잠드는 시간이 30분에서 1시간 정도 늦어지기만 해도 렘수면 시간이 눈에 띄게 줄어들 수 있다. 그러므로 평온한 생각으로 주의를 돌릴 수 있는 다른 방법을 찾아야 한다.

마음을 진정시키는(혹은 지루한) 정보에 주의를 기울이자

텔레비전, 스마트폰, 컴퓨터의 화면은 보지 않고 소리만 듣는 프로그램, 오디오북, 팟캐스트 등을 이용하면 편도체를 활성화하는 생각이나 걱정에서 멀어지는 데 도움이 된다.

어떤 일을 하고 있을 때 누군가가 말을 걸어오면 일에 집중하는 게 쉽지 않음을 다들 알 것이다. 따라서 편도체를 활성화하는 생각에서 주의를 분산할 수 있도록 오디오북, 팟캐스트 또는 청취 프로그램 중에 마음을 차분하게 만들거나 심지어 지루하기까지 한 콘텐츠를 선택해 들어보자.

물론 들리는 것에 제대로 집중하지 않고 또다시 걱정에 빠지지 않도록 주의해야 한다. 심호흡이 도움 될 수도 있다. 만약 걱정이 사라지지 않는다면 다른 효과적인 방법을 찾아보자. 다만 음악은 효과가 없을 수 있다. 음악이 재생되는 동안 자신도 모르게 다시 걱정에 빠질 수 있기 때문이다. 음악은 노래를 따라 부르지 않는 한 걱정에서 벗어나는 데 크게 도움이 되지 않는다.

만약 어떤 위협적인 사안에 대해 걱정이나 주의를 기울일 필요가 있다고 여긴다면, 그건 하루 중 다른 시간대로 미루는 것이 좋다. 30분 정도 시간을 내어 그 시간 동안만 걱정과 고민에 집중하자. 단, 잠들기 전은 피해야 한다.

편도체를 활성화하는 생각을 마음을 진정시키는 정보로 대체하면 훨씬 빨리 잠들 수 있을 것이다.

규칙적인 잠자리 루틴은 편도체를 잠재우는 데 도움이 된다. 정해진 루틴이 뇌에 잠 잘 시간이라는 신호를 보내기 때문이다. 세수나 양치, 잠옷 입기처럼 간단한 루틴도 있고 마음을 안정시키는 책을 읽거나 허브차 마시기처럼 시간이 걸리는 루틴도 있다. 편안한 침구, 쾌적한 환경, 반려동물이나 동거인로부터의 방해를 최소화하는 것 역시 긴 시간 숙면을 취하도록 도와 다음 날 편도체를 평온하게 만들어줄 것이다.

2부

편도체 재구성하기

우리 편도체가
달라졌어요

16

두려움이 아닌 목표를 따른다

걱정 많은 편도체에게 끌려다니는 삶이 아닌,
목표를 따르는 삶을 살아보자.

두려움을 마주하고 나아가기를 격려할 때, 우리는 그것이 얼마나 어려운 도전인지를 잘 알고 있다. 불안을 극복하는 일은 결코 쉽지 않다. 그나마 다행인 점은 우리가 느끼는 모든 두려움을 다 이겨낼 필요는 없다는 사실이다.

예를 들어 뱀을 무서워한다고 해 보자. 그 공포가 크다고 해도 뱀을 마주칠 일이 없다면 문제가 되지 않는다. 이에 반해 상사와 연봉 인상을 요구하는 게 두렵다고 해 보자. 다른 직원들은 잘만 요구해 높은 연봉을 받는데 당신만 받지 못하는 상황이라면 그건 삶의 질을 떨어뜨리는 두려움이다.

두려움을 이겨내기로 마음먹었다면, 두려움 때문에 어떤 식으로든 당신의 삶이 제한되거나 제약을 받는 문제에 초점을 맞출 필요가 있다. 편도체가 촉발한 불안 때문에 중요한 일을 하지 못한다면, 편도체가 다르게 반응하도록 길들이는 노력을 해야 할 때다. 피하는 것을 멈추고, 당신이 원하는 일을 하지 못하게 방해하는 문젯거리를 직시할 때 비로소 삶의 주도권을 잡을 수 있다. 일상의 삶을 편도체가 아닌, 당신 스스로 주도하는 거다.

불안은 삶의 여러 측면에 영향을 미친다. 산책이나 전화 걸기 같은 간단한 일상 활동을 방해하고, 가족이나 친구와의 관계에도 영향을 미친다. 좋아하는 사람과 어울리지 못하거나 마음 편히 여행을 가지 못하기도 한다. 의사소통에 문제가 생기고 인간관계에서 빚어지는 갈등을 제대로 관리하지 못할 수도 있다. 혹은 인간관계는 괜찮더라도 불안 증세나 회피 성향으로 인해 업무나 커리어에 있어 목표한 바를 이루지 못할 수도 있다.

그렇기에 더욱 불안에 갇혀 지내선 안 된다. 편도체를 변화시키고 삶을 주도적으로 바꿔나갈 수 있음을 믿어보자. 다음의 방법들이 불안감을 떨치고 목표한 바를 이루는 데 도움이 될 것이다.

목표의 윤곽 파악하기

두려움에 맞서기에 앞서, 무엇에 주의를 집중할지 신중하게 결정하자. 인생의 모든 불안, 두려움, 회피를 한꺼번에 해결할 필요는 없다.

먼저 자신에게 무엇이 가장 중요한지 결정한다. 이 결정은 가족도, 친구도, 상사도 아닌 당신 스스로 해야 한다. 상사가 비행에 대한 공포를 극복하고 출장을 다녀 오라고 했을 때 그 결정을 따르지 않아도 된다. 당신은 출장을 다녀야 하는 직업을 원치 않을 수도 있다. 마찬가지로 배우자나 연인이 사교댄스를 배워보라고 해서 그 활동을 즐겨야 하는 건 아니다.

당신의 목표가 무엇이고, 목표를 이루는 데 방해가 되는 요소가 무엇인지 신중하게 고려해야 한다. 아래 제시문을 읽고 당신만 볼 수 있는 노트나 종이에 빈칸을 채워 써보자. 각 제시문에 하나 이상의 대답을 작성해도 좋다.

일상생활
- 불안과 스트레스가 없다면 나는 _____ 에 가보고 싶다.
- 불안을 느낄 때 나는 _____ 와 같은 활동을 하려던 노력을 멈춰 버린다.

- 나는 불안과 스트레스로 문제가 생기기 전에는 _____와 같은 활동을 즐겼다.

인간관계

- 사람들이 _____할 때 나는 불안감을 느낀다.
- 사람들이 나에게 _____를 기대할 때 나는 스트레스를 받는다.
- 가족이나 친구들이 나를 초대할 때 나는 _____할 수 있기를 바란다.
- 연인 관계에 있어서 나는 _____할 수 있으면 좋겠다.

직장 생활

- 불안증이 없다면 직장에서 나는 _____할 수 있을 것이다.
- 내가 _____할 수 있다면 직장에서의 성과가 향상될 것이다.
- 내가 _____할 기회를 거절하면 직장에서 승진이 제한될 것이다.
- 불안감을 느끼면 나는 _____하게 되고, 그 때문에 직장에서 시간 관리하는 데 어려움을 겪는다.

세 가지 삶의 영역에 대해 작성한 내용을 살펴보면서 영역마다 한 가지 이상의 목표를 정해 보자. 불안과 걱정을 극복하기 위해 어떤 상황에 집중할지 결정할 때 이 목표들이 도움이 될 것이다. 한 번에 여러 목표를 이루려고 할 필요는 없다.

불안은 종종 특정한 상황에 촉발되며, 그 상황을 마주하기보다는 피하는 게 더 쉽기 마련이다. 이때 자신이 이루고자 하는 목표를 구체적으로 세워 두면 불안과 회피가 중요한 일을 가로막지 않게 하는 데 강력한 동기가 될 수 있다.

불안 극복의 경험은, 편도체가 반응하는 방식을 변화시켜 불안감을 낮춘다. 그로써 불안에 휘둘리지 않고 목표를 향해 나아가게 하는 발판이 된다는 사실을 기억하자. 걱정이 많은 편도체에게 끌려다니는 삶이 아닌, 목표가 이끄는 삶을 살 수 있다.

17

목표를 정하고
중요도를 매긴다

바꾸고 싶고 도전하고 싶은 삶의 모습에 집중해 단계적으로 목표를 이뤄보자.

필자는 불안 때문에 삶이 가로막혔다고 느끼는 수많은 내담자들을 만났다. 그들은 더 의미 있고 충실한 삶을 살길 바라지만, 불안 증상 때문에 원하는 활동이나 행사에 참여하지 못한다. 이때의 해결책이 목표 설정이다.

불안으로 삶이 제한되지 않는다면 무엇을 하고 싶은지 생각해보자. 고속도로 운전하기, 헌혈, 무례하게 말하는 사람에게 당당하게 항의하기, 데이트 신청하기, 대관람차 타기 등 불안감 때문에 피해 왔지만 할 수만 있다면 도전하고 싶은 활동들을 떠올려보자. 이루고 싶은 목표를 세우는 것이 첫걸음이다.

목표를 설정할 때는 올바른 기준을 가지고 접근해야 한다. 첫째, 자신이 흥미와 열정을 느끼는 것이어야 한다. 다른 사람이나 사회적 기대 혹은 담당 의사의 의견에 따라 목표를 결정해선 안 된다. 당신의 목표는 당신의 관심과 가치관에서 비롯되어야 하며 당신의 꿈과 희망을 반영해야 한다는 뜻이다. 당신 삶에 변화를 가져오고, 동기를 부여하고, 용기를 줄 수 있는 목표에 초점을 맞추자.

둘째, 불안 때문에 때로는 특정 목표를 생각조차 하지 못했음을 인지해야 한다. 예를 들어 '친구들과 더 많은 시간 보내기'가 목표라고 해 보자. 그런데 공공장소에서 식사하는 것에 불안을 느낀다면 친구들과 식당에서 만나 느긋이 함께하는 일은 생각하는 것 자체가 불편할 수 있다. 친구와 시간을 보낼 생각을 하면 편도체가 당신을 불안하게 만들어 버린다. 목표에 관해 생각하는 것만으로도 불안이 커지면서 결국 진지하게 고려하지도 못하고 목표를 포기하게 된다.

개선하거나 변화를 꾀하고 싶은 몇몇 영역에 집중하자. 앞 장에서 일상생활, 인간관계, 직장 생활별로 목표를 생각해 보았다. 노트에 적은 내용을 다시 한번 살펴보자.

목표의 중요도 파악하기

앞서 작성한 내용을 바탕으로 관심 있는 목표를 목록으로 만들자. 바꾸고 싶은 것들을 적어보는 것도 좋다. 각 목표에 대해 '나는 ○○가 하고 싶다.'라고 적어보자.

그런 다음 각 목표의 중요도와 불안 정도를 1~10까지의 척도로 평가한다. 숫자가 클수록 중요도와 불안 정도가 높다. 다음 예시를 참고하자.

목표	중요도	불안
나는 친구들과 콘서트에 가고 싶다.	6	5
나는 업무 회의에서 더 많이 발언하고 싶다.	8	9

이런 방식으로 평가해 두면 목표의 중요도를 효과적으로 파악할 수 있다. 어떤 목표를 위해 노력할 때, 그 목표가 자기 자신에게 중요한 것이어야 함은 당연할 것이다. 여기에 불안 수준을 고려해 목표가 얼마나 어려운지도 따져보아야 한다.

처음은 '중요도가 높고 불안 수준이 낮은 목표'로 시작하는 것이 좋다. 편도체가 강하게 반응하지 않는 것으로 시작하면 높은 수준의 불안을 겪지 않고도 자신에게 중요한 것을 성취할 수 있다는 이점이 있다. 그리고 그 경험을 통해 배우게 된다. 불안을 경험하는 동시에 상황을 바꿀 수도 있음을 알게 되는 것이다. 불안을 유발하는 상황에 자신을 노출시켜야 그것이 실제로 위험하지 않다는 사실을 편도체가 학습할 기회가 생긴다.

스트레스 유발 상황에 의도적으로 자신을 노출하는 것은 힘든 일이다. 하지만 그러한 경험이 있어야만 편도체가 배우고 변화한다. 목표를 위해 노력하는 동안 불안을 느끼겠지만, 그와 동시에 매우 강력한 무언가를 느끼고 얻을 것이다.

목표를 향해 나아갈수록 불안은 감소한다. 불안이 줄어드는 게 느껴진다면 편도체가 새로운 정보를 학습하고 있다는 뜻이며, 불안을 덜 느끼도록 뇌가 재구성되고 있다는 증거다! 불안을 유발하는 상황에 자신을 놓아두고 목표를 달성하기 위해 노력할 때 생생한 변화를 체감하게 될 것이다.

18

불안을 유발하는 트리거를 파악한다

논리와 무관하게 부정적 경험을 연상시키는 모든 것이 공포와 불안의 트리거가 될 수 있다.

편도체는 경험을 토대로 감정 기억을 형성하고, 연관성을 통해 학습하고 반응한다. 부정적인 사건이 발생하면 편도체는 그 경험과 관련된 모든 것들을 저장한다.

    자동차 사고를 당했다고 가정해 보자. 사고와 관련된 모든 것, 특히 충돌 직전에 있었던 상황이나 물건이 편도체를 자극하는 트리거가 될 가능성이 높다. 사고 순간의 경적 소리, 브레이크 마찰음, 빙판길, 사고가 났던 교차로, 당시 앉았던 조수석, 심지어 그때 라디오에서 나왔던 노래에까지 편도체가 반응할 수 있다는 이야기다. 부정적인 경험과 트리거가 꼭 논리적으로 연결되는 것은 아니다. 부정적 경험과 관련된 모든 것이 공포와 불안의 트리거가 될 수 있다.

편도체가 부정적 경험 혹은 일종의 위협과 연관된 것을 경계하는 과정에서 가지게 되는 트리거의 예를 살펴보자. 아이를 즐겁게 해 주려고 피에로 분장을 했지만, 울긋불긋한 얼굴의 피에로를 본 아이는 겁에 질렸고 그 후로 아이는 성인이 될 때까지도 피에로를 무서워했다. 어떤 사람은 독감에 걸렸을 때 평소에 즐겨 먹던 옥수수를 먹었다. 그런데 그 후로 옥수수만 봐도 메스꺼움이 올라왔다. 어느 여성이 뻐드렁니가 심한 남성에게서 성희롱을 당했다. 그 후로 여성은 뻐드렁니인 남성만 보면 긴장한다. "토마스 리처드!" 한 소년은 혼날 때만 자신의 중간 이름을 들었고 그 후로 중간 이름을 매우 싫어하게 되었다. 상사와 이메일로 업무를 진행하며 스트레스를 받은 사무 보조원은 이메일을 열 때마다 불안감을 느꼈다.

트리거는 물건일 수도 있고 소리, 냄새, 장소, 경험 심지어 신체 감각이 될 수도 있다. 필자가 아는 작가 중 한 명의 트리거는 우회전이다. 우회전을 하다가 자동차 사고를 당했기 때문이다. 그 후로 그녀는 우회전을 할 때마다 심장이 쿵쾅거리고 아드레날린이 솟구친다고 털어놓았다. 그녀의 편도체가 우회전을 위험과 연관시킨 것이다.

인간관계에서 깊은 갈등을 경험한 사람이라면 큰소리나 짜증

섞인 한숨도 트리거가 될 수 있다. 트리거라고 해서 꼭 위험한 성격을 띨 필요는 없다는 뜻이다. 부정적인 경험과 단순히 연관성이 있기만 해도 충분히 트리거가 될 수 있다. 한 베트남 전쟁 참전 용사는 전쟁 때 사용했던 것과 같은 비누를 우연히 아내가 사 온 후 샤워할 때마다 공황 발작을 일으켰다. 무해하기 짝이 없는 비누가 그에게는 트리거가 된 것이다.

나의 트리거 파악하기

당신에게 트리거로 작동하는 물건, 상황, 장소, 냄새, 맛이 있는가? 하루를 보내면서 편도체가 활성화되었다고 짐작되는 신체적 감각, 즉 불안으로 인한 조이는 듯한 통증, 숨이 막히는 느낌 혹은 아드레날린이 덜컥 치솟는 감각 등이 느껴지는 때가 언제인지 의식해 보자.

이미 알고 있는 트리거도 있겠지만, 이 과정을 통해 새로운 트리거를 인식할 수도 있다. 그 트리거를 노트에 기록하고, 실제 트리거를 보고 듣고 경험하면서 편도체가 반응할 때 몸과 마음에 어떤 변화가 일어나는지 관찰해 본다. 편도체의 위기 반응(투쟁, 도주, 얼어붙기)이 나타나거나, 그렇게 반응하고 싶어질 가능성이 높다.

특정 상황이나 대상이 왜 트리거가 되었는지는 알 수도 있고, 모를 수도 있다. 중요한 것은 편도체가 특정 상황이나 대상을 공포라는 감정과 연결했고 그 결과 트리거가 되었다는 사실을 인식하는 것이다.

트리거 자체는 대개 위험하지 않지만 그것을 맞닥뜨리면 실제적인 감정 반응을 일으킨다. 이는 통제할 수 없이 자동으로 발생한다. 이것이 바로 편도체의 영향력이다.

어떤 상황 혹은 대상이 감정적 반응을 일으킬 때 이를 트리거라고 부르기 시작하자. 예를 들어 "나한테 몸무게 이야기는 그 어떤 것도 트리거가 돼." 혹은 "그의 격양된 목소리가 내게는 트리거야." 감정적 반응은 편도체에서 학습된 것임을 기억하자.

자신의 트리거를 파악하고, 감정적·신체적 반응을 일으키는 편도체의 역할을 이해하는 것은 삶의 주도권을 되찾는 데 반드시 필요한 단계다. 편도체는 우리 자신을 보호하고자 트리거에 반응하는 것이지만, 종종 중요한 활동에 제동을 걸기도 한다. 트리거를 인식하고 그 반응의 기저에 편도체가 있다는 사실을 이해하면 원하는 삶을 살아가는 데 방해가 되어 온 장벽을 극복하는 데 도움이 될 것이다.

트리거가 반드시 위험을 의미하지는 않으며, 당신이 느끼는 감정은 편도체가 그렇게 반응하도록 만들었기 때문이라는 사실을 깨닫는 것이야말로 중요한 전환점이 될 것이다. 더 나아가 편도체가 새로운 방식으로 반응하도록 가르침으로써 그 같은 감정들을 더 이상 만들지 못하도록 할 수도 있다.

19

편도체의 주장을 반박한다

불안에 굴복하기를 거부하면
놀랍게도 편도체가 물러설 것이다.

우리는 종종 마음의 안정을 위해 불안에 굴복한다. 불안이 엄습하거나 걱정이 밀려오면 계획했던 일을 취소하고, 하던 일을 그만두곤 한다. 이러한 행동은 일시적인 안도감을 주지만 장기적으로 보면 상황을 관리하는 데 아무런 도움이 되지 않는다.

우리는 **불안**이 편도체에서 비롯된다는 사실을 알고 있다. 안도감을 느끼려고 불안을 피하는 행동은 편도체를 변화시키지 못한다는 것도 안다. 불안에 굴복하면 편도체는 해당 상황에 제대로 대처할 새로운 정보를 학습할 수 없고, 그러면 결국 같은 상황이 닥칠 때마다 편도체는 계속해서 불안을 생성할 것이다.

지속적인 변화를 원한다면 편도체부터 변화시켜야 한다. 특정 상황에서 불안을 생성하지 않도록 가르쳐야 한다. 그리고 그보다 먼저 불안에 대한 자기 자신의 생각을 바꿔야 한다. 불안이 느껴진다고 해서 꼭 엄청난 위험이 존재하는 게 아님을 확실히 인식해야 한다는 뜻이다.

편도체가 불안을 생성함으로써 특정 상황이 위험하다는 메시지를 보내면 우리는 그 상황에서 빨리 벗어나야 한다고 생각하기 쉽다. 즉, 어떤 상황이 위험하다고 판단할 때의 주요 근거가 편도체가 생성한 불안이라는 거다. 그런데 편도체가 불안을 생성해 경고한 만큼 그 상황이 정말 위험하다고 확신하는가? 만약 같은 상황에서 편도체가 불안을 생성하지 않는다면 아무렇지 않게 그 상황에 대처할 자신이 있는가?

우리가 불안에 굴복하지 않도록 돕는 생각들도 있다. '나는 이 일을 할 수 있기를 원해. 그러니 불안에 무릎 꿇지 않을 거야.', '회피는 상황을 변화시키는 데 도움이 되지 않아.' 이러한 생각들은 변화의 의지를 접고 안도감을 찾으려는 경향을 물리치는 데 도움이 될 것이다. 마크 트웨인Mark Twain의 말처럼, 용기란 두려움이 없는 것이 아니다. 두려움에도 불구하고 행동하는 것이다.

한 내담자가 찾아와 스무 살이 되었는데도 운전면허를 따지 못해 고민이라며 사정을 털어놓았다. 운전만 하려 들면 불안감이 들어서 자꾸만 도망치게 된다는 것이다. 우리는 이 불안을 극복해

보기로 했다. 운전석에 앉기만 해도 불안 증상이 나타날 것임을 알았지만, 안전한 장소에서 운전석에 앉는 것부터 시작했다. 자리에 앉자 10을 기준으로 8 정도의 불안이 느껴졌고 내담자의 눈에 눈물이 고였다. 그녀가 말했다. "이 느낌이 너무 싫어요." 치료사가 답했다. "정말 끔찍할 거란 걸 알아요. 지금 당신의 편도체가 흥분해서 난동을 부리고 있어서 그래요. 편도체가 당신이 안전하다는 걸 깨달을 때까지 여기 앉아 있어 봅시다."

한 10분 정도 지났을까 그녀가 말했다. "두려움이 줄어드는 게 느껴져요. 이렇게 금방 가라앉을 줄은 몰랐어요." 그녀는 흥분한 목소리로 말을 이어갔다. "이게 제가 해야 할 일이군요? 도망치지 않고 편도체한테 운전이 위험하지 않다는 것을 보여주는 거요!" 불안이 줄어드는 것을 체험하고 나자 그녀는 더 많은 것을 시도하고 싶다는 의욕이 솟는다고 했다.

편도체의 지시를 반박하기

편도체가 당신의 삶을 쥐고 휘두르게 내버려두고 싶지는 않을 것이다. 뇌에 있는 아몬드 크기의 작은 기관이 내 삶을 지배하려 하다니! 이제 이 같은 사실을 알았으니 편도체가 만들어내는 감정을 무턱대고 믿기보다 의심해 보자. 당신은 편도체의 지시를 거부하고 반박할 수 있다. 이를 테면 다음과 같이 생각해 보는 거다.

- 네가 나를 이런 감정에 빠지게 하는 거 이제 지긋지긋해.
- 나는 너에게 굴복하지 않을 거야. 나는 이걸 시도해 보고 싶어.
- 나는 스스로 목표를 세우고 싶어.
- 나를 막지 마. 나는 적어도 첫 몇 걸음은 내디딜 수 있어.
- 너는 이걸로 나를 겁주지 못할 거야.
- 난 할 수 있어! 이번에는 넌 나를 막지 못해.

편도체를 반박한다고 해서 편도체 자체가 달라지지는 않는다. 하지만 당신은 달라질 수 있다. 편도체가 당신을 지배하게 두는 대신 당신 스스로 삶을 계획할 수 있게 된다.

삶을 방해하는 편도체의 방식에 불만이 생기고 화가 나기 시작한다면, 당신은 편도체가 불러일으키는 감정을 뚫고 지나갈 수 있다!

편도체는 변화할 수 있다. 불안 상황에서 도망치지 않고 머무름으로써 그 상황이 위험하지 않다는 것을 편도체에게 가르칠 수

있다. 불안에 굴복하기를 거부하면 놀랍게도 편도체가 물러설 것이다. 편도체에게 기회를 주면, 상황이 안전하다고 편도체가 새롭게 배울 수 있음을 기억하자.

20
편도체를 새롭게 학습시킨다

편도체는 경험을 통해야만
오류를 수정하고 새로운 정보를 배울 수 있다.

편도체는 상담이나 강의, 논리적 설명으로 학습시킬 수 없다. 필자가 상담 중에 하는 말 역시 내담자의 편도체에게 직접적인 영향을 주지 못한다.

앞서 말했듯이 편도체는 경험을 통해 학습한다. 삶에서 일어나는 특정 사건들이 계기가 되어 두려움, 공포, 불안, 공황을 일으킨다. 우리가 그 경험을 의식적으로 기억하든, 기억하지 못하든 관계없이 편도체는 그것을 기억한다. 그래도 좋은 소식은 편도체가 언제 어떻게 트리거에 반응하도록 학습되었는지는 알 수 없더라도 그 반응을 멈추도록 가르치는 것은 가능하다는 사실이다!

편도체를 학습시키려면 트리거에 노출되는 경험이 필요하다. 직접 경험해야만 트리거가 위험하지 않다는 새로운 정보를 학습하고 더 이상 방어 반응을 일으키지 않는다. 모든 트리거에 대응할 필요는 없다. 생활에 큰 영향을 미치지 않는 트리거는 간단히 넘겨도 괜찮다. 하지만 출근길 교차로 통과하기처럼 일상을 제한하는 트리거라면 편도체가 새로운 반응을 익히도록 만들 필요가 있다.

편도체 학습에 나이는 상관없다. 나이가 많아도 새로운 두려움을 가질 수 있고, 트리거에 반응하는 것을 멈추는 법도 배울 수 있다. 다시 말하지만 핵심은 편도체를 가르치려면 먼저 경험을 제공해야 한다는 것이다. 트리거가 있는 상황에 노출시켜 트리거가 실제로는 위험하지 않다는 사실을 편도체에게 알려줘야 한다.

물론 학습이 즉각 이루어지는 것은 아니다. 트리거에 노출되면 편도체는 일단 투쟁 혹은 도주 반응을 일으킬 테고, 신체는 두려움과 불안을 느낄 것이다. 편도체가 특정 자극에 대한 불안 반응을 멈추기까지는 일정 시간 트리거에 노출되어야 하지만, 결국은 멈추게 된다. 트리거에 몇 차례 노출된 후에는 두려움 대신 침착하게 반응하는 법을 배우게 될 것이다.

단, 트리거가 자신을 위협하지 않는다는 것을 학습하려면 트리거에 노출되는 동안 해롭거나 부정적인 사건이 발생하지 않아야 한다. 안전한 환경이 유지되어야 하고 위협도 있어선 안 된다. 문제는 트리거가 위험하지 않음을 편도체가 인식하기 전까지는 편도체가 불안을 생성하고 심박수를 증가시키며 아드레날린을 분비하는 등의 반응을 일으킨다는 것이다. 이 점이 편도체 학습을 어렵게 만든다.

위험한 상황이 아니어도 불안을 느낄 수 있다. 불안을 느낀다고 해서 꼭 위험한 것은 아니라는 사실을 재차 인식하는 것이 많은 도움이 될 것이다. 욕실 바닥에 떨어진 시커먼 머리카락 뭉치를 편도체가 다른 것으로 오인해 화들짝 놀랐던 일을 기억하자. 어린 시절 할머니 댁에 갔다가 그 집의 개가 반갑게 달려드는 바람에 넘어진 경험이 있다면 그 후로 오랫동안 사람에게 다가오는 개를 보면 공포를 느낄지 모른다. 이 경우 개가 아무런 해를 끼치지 않는 상황을 여러 차례 경험해야 비로소 개가 위협이 되지 않다는 사실을 편도체가 학습하고, 개를 보고도 방어 반응을 일으키지 않을 것이다.

특정 자극이 위험하지 않음을 편도체가 인식하는 데 걸리는 시간은 사람마다 다르겠지만, 편도체가 방어 반응을 멈추고 불안이 감소하는 순간은 분명히 느낄 수 있을 것이다. 그때 학습이 이루어진 것이다. 하지만 학습이 이루어지기 전, 다시 말해 불안이 지속되는 동안 어떻게 하면 트리거 상황을 피하지 않고 계속 머물 수 있을까?

편도체를 학습시킬 때 자신을 격려하는 방법

다음에 소개된 격려의 말들은 편도체가 불안을 유발한 상황에서도 트리거를 피하지 않고 이겨내도록 도와줄 것이다. 이 문장들을 노트에 적어보자. 어떤 상황에 사용하면 좋을지도 적어두면 좋다.

이제 편도체가 관심을 보이기 시작했어!	편도체가 이 상황을 싫어하는 게 느껴져!
네가 화가 나서 난리를 친대도 난 피하지 않아.	넌 나를 도망치게 하지 못해!
편도체가 정확한 사실을 배울 때까지 여기서 버틸 거야.	힘들어. 하지만 주도권은 내게 있어.
편도체가 새로운 내용을 배우면 내가 느낄 수 있을 거야.	네가 내 삶을 좌지우지하게 두지 않을 거야.

불안을 이겨내고 싶을 때 이런 격려의 말들은 힘이 된다. 특히 의도적으로 트리거를 견디고자 하는 상황이라면 더욱 유용하다. 게다가 이 같은 말은 편도체가 상황이 안전함을 학습하는 동안 대뇌피질이 편도체를 활성화하는 것을 막는 데도 도움이 된다. 무섭다는 생각을 하고 있으면 편도체는 그 상황이 안전하다고 배울 수 없기 때문이다.

21

용기를 내려면 동기가 필요하다

도전의 이유를 글로 적고 자주 들여다보자.
그 속에 더 나은 삶을 위한 약속이 담겨 있다.

몇 시간씩 연습과 노력을 쏟으며 스포츠나 악기 연주 혹은 게임 등을 해 본 적이 있는가? 어느 순간 지쳐서 그만두고 싶은 마음이 들었더라도 계속 노력했을 것이다. 무엇 때문에 포기하지 않았는가? 챔피언이 되고 싶었는가? 아니면 사람들로부터 박수를 받고 싶었는가? 성공을 거둔 당신의 모습을 상상했는가? 당신을 응원하는 가족을 떠올렸는가? 무엇 때문에 그렇게 열심히 훈련하고 연습했는지, 노력의 결과로 무엇을 이뤄냈는지 떠올려보자.

어려움에 직면했을 때 과거의 기억과 성취는 힘이 될 수 있다. 어려운 일을 해내려면 계속 나아가게 하는 동기가 필요하고 자신을 격려할 방법이 필요하다. 불안감을 겪고 있을 때 변화를 시도하기란 쉽지 않다. 변화를 원하더라도 어려운 일에 시도하는 것은 여전히 힘들 수 있다. 오랜 시간 불안을 겪어온 사람이라면 불안이 삶의 일부처럼 느껴질지도 모른다. 더군다나 오랫동안 자신만의 방법으로 불안에 대처하는 데 익숙해 있다면 새로운 방법을 시도하기가 쉽지 않다.

방어 반응을 일으킬 때 편도체는 엄청난 불안감을 생성해 안전과 편안함을 찾도록 충동질한다. 이 충동을 따르지 않으면 마치 직관을 거스르는 것처럼 느껴질 수 있다. 불안이 시키는 대로 해야 위험과 당혹감, 고통으로부터 안전해질 것이라는 생각이 들고, 반대로 불안을 무시하면 불쾌한 감정이나 경험에 노출될 거라고 믿기 쉽다. 부분적으로는 맞는 말이다.

하지만 드디어 회피를 그만두고 용기를 내어 불안에 맞설 마음을 먹었다면, 처음에는 약간의 불쾌한 감정을 견뎌야 한다. 여기서 '처음에는'이 중요하다. 편도체는 학습을 통해 바뀔 수 있지만, 알다시피 그 학습이 이루어지려면 편도체가 피하려는 트리거에 노출되어야만 가능하다. 편도체는 불안한 상황을 직접 경험해야만 안전하다는 사실을 배울 수 있고, 그래야만 불안 생성을 멈출 수 있다. 불안을 유발하는 모든 상황에 도전할 필요는 없겠지만 생각하는 것보다 우리 자신이 더 강하다는 것을 깨닫는다면 훨씬 많은 기회가 열릴 것이다.

우리는 편도체가 제공하는 제한된 선택지(회피나 도망, 얼어붙기, 싸우기) 말고도 더 많은 것을 할 수 있다. 앞서 언급했듯이 용기는 두려움이 없는 상태가 아니다. 용기는 두려움에도 불구하고 행동하는 것이다. 처음 내딛는 걸음은 어려울 수밖에 없다. 용기를 냈더라도, 편도체의 경고를 무시하고 불안 유발 상황 속으로 들어갔을 때 자신이 잘 감당할 수 있음을 경험해 보지 못했기 때문이다.

따라서 새로운 도전을 할 때는 왜 이런 도전을 하려고 하는지 자신만의 이유를 되새기는 것이 도움이 된다. 왜 이런 어려운 도전을 하려고 하는가? 왜 안도감을 버리고 성장을 선택하는가? 변화를 이루기 위해 용기를 내는 것이 가치 있는가? 이 변화가 나에게 중요한가? 불안에 도전하는 이유가 삶의 질, 인간관계, 직업, 아이 양육의 문제를 개선하는 것과 관련 있는가? 다른 사람들에게도 긍정적인 영향을 주는가?

이 같은 질문에 답하다 보면 당신이 얻고자 하는 것에 집중할 수 있을 것이다.

목표를 상기하고, 이유를 명확히 하기

변화에 도전하는 이유를 정의하는 게 조금 어렵다면 자신이 무엇을 원하는지 좀 더 구체적으로 자문해 보자. 노트에 질문과 대답을 적어보는 거다. 불안이 나를 방해하지 않았다면 나는 무엇을 하고 있었을까? 걱정, 염려, 두려움이 나를 막지 않았다면 나는 무엇을 할 수 있었을까? 불안에 반응하기보다 행동한다면 무엇을 할 수 있을까?

안도감 대신 용기를 선택한다면, 불안이 행동을 좌우하도록 내버려두지 않는다면 무엇이 달라질까? 불안을 극복하면 나는 어떤 목표를 향해 나아갈 수 있을까?

이 같은 질문들이 불안 극복이라는 어려운 일에 도전하는 이유를 찾는 데 도움이 될 것이다. 용기를 내려면 동기가 필요하다. 어떤 변화를 이루고 싶은지 구체적으로 상상하자.

이유가 인간관계와 관련 있는가? 아니면 커리어? 삶의 질? 여행? 혹은 또 다른 무언가와 관련 있는가? 이유와 목표에 관한 자신의 생각을 정리한 다음 포스트잇에 '내가 원하는 것은'이라는 문구로 시작하는 문장을 써보자. 그런 다음 눈에 잘 띄는 곳에 붙여두자.

불안에 지면하는 것이 힘들어 포기하고 싶을 때, 이 도전을 왜 시작했는지 그 이유를 구체적으로 떠올리며 앞으로 계속 나아갈 수 있을 것이다.

이 책을 읽으며 앞으로 나아갈 길에 대한 지침을 찾으려고 할 때 잠시 멈추어 무엇이 자신에게 동기를 부여하는지 생각해 보자. 구체적인 이유가 무엇인가? 그것을 명확히 하고, 이름을 붙이고, 가꾸고 성장시켜 자신의 것으로 만들자. 원하는 것을 포스트잇에 적어 벽에 붙이고 자주 들여다보자. 거기에 적힌 간단한 문장 속에 더 나은 삶에 대한 약속이 담겨 있다.

22

피하는 대신
뚫고 지나간다

회피를 이겨내는 것이야말로
장기적으로 불안을 줄이는 비밀 병기다.

불안에 휩싸이면 그 상황을 피하거나 벗어나고 싶은 게 인지상정이다. 불안이라는 감정은 불편하게 느껴지도록 설계되었다. 회피는 기분이 나아지게 만드는 행동이지만, 단기적으로 불안에서 벗어나게 할 뿐 장기적으로 보면 불안을 지속시킨다.

회피는 우리가 두려워하는 대상이 생각만큼 위험하지 않다는 사실을 배우지 못하게 한다. 가령 당신이 개를 무서워한다면 이웃집 개를 봤을 때 자연히 집 안으로 뛰어들어 갈 테고 그러면 잠시나마 불안이 사라질 것이다. 하지만 장기적으로 보면 어떻게 될까? 회피를 반복하다 보면 개가 위험하지 않다는 사실을 배울 수 없으므로 불안이 지속되고 어떻게든 일상에 제약이 생길 수밖에 없다. 편도체는 그 개가 위험하다고 당신을 언제까지고 속일 것이다. 이렇듯 회피는 기분을 나아지게 할지 모르지만 편도체의 학습을 방해한다. 두려움의 대상, 즉 트리거가 실제로는 안전할 수 있다는 사실을 편도체가 학습할 유일한 방법은 경험을 통해서다.

또한 회피는 모든 트리거가 두려움의 대상이라는 생각을 강화한다. 불안을 줄이고자 사람, 장소, 물건, 심지어 생각, 감정, 신체 감각과 같은 내적 경험을 유발하는 상황까지 피하게 만든다. 결국에는 실제 안전한 경험까지 피하게 만들어 우리 삶을 제한한다. 처음에는 도움을 주는 친구처럼 보이지만 알고 보면 불안을 더 크게 만드는 적과 같다는 말이다. 회피는 불안이 삶을 지배하는 데 일조한다. 회피야말로 편도체가 원하는 행동이다! 회피가 당신 삶에 어떤 영향을 미쳤는지, 당신에게 어떤 대가를 치르게 했는지 생각해 보자.

불안을 유발하는 것은 피하는 게 상책이라고 믿는 것은 어찌 보면 당연하다. 왜 굳이 스트레스를 유발하는 상황을 찾아내 마주해야 하겠는가? 하지만 생각해 보자. 한때 무서워했던 상황이나 물건들이 더는 무섭지 않은 이유는 두려움을 뚫고 지나왔기 때문이다. 학교에 가는 게 두렵지만 매일 학교에 가야 하는 아이처럼 주어진 환경이 두려움에 직면하도록 만들었을 수도 있고, 아이가 물에 들어가거나 물속에 얼굴을 담글 때마다 부모가 격려하고 칭

찬을 퍼부었던 것처럼 누군가가 두려움을 마주하도록 도왔을 수도 있다. 두려움을 반복적으로 마주하다 보면 그것이 위험하지 않음을 배우게 되고, 두려운 상황을 잘 대처할 수 있다는 자신감도 얻게 된다.

회피를 이겨내는 것, 그것이 바로 장기적으로 불안을 줄이는 비밀 병기다. 미국의 시인 로버트 프로스트Robert Frost는 이렇게 말했다. "최고의 탈출구는 언제나 그것을 뚫고 지나가는 것이다."

두려움, 피하지 말고 뚫고 나가기

한때는 두려웠지만 결국은 그것과 직면함으로써 이제는 두렵지 않게 된 상황, 물건, 동물을 생각해 보자. 두려움과 마주한 것이 감정 변화에 어떻게 도움이 되었는지 노트에 기록해 보자.

두려운 상황을 피하지 않은 경험이 있는가? 왜 피하지 않고 그 상황에 머물러야 했는가? 누가 도와주었는가? 스스로 그렇게 했는가? 두려움이 사라지기까지 오래 걸렸는가? 아니면 비교적 빠르게 사라졌는가?

그 경험에서 (두려움과 불안감이 주는 불편함을 제외하고) 아무런 해를 입지 않았다면, 두려움을 마주하는 것이 두려움을 극복하는 데 얼마만큼의 영향을 미치는지 알게 되었는가? 이러한 경험에 대한 자신의 생각을 노트에 적어보자.

두려움을 뚫고 나아가기로 결심하는 것은 결코 쉬운 일이 아니다. 그래서 많은 사람이 오랜 시간 특정한 두려움에 사로잡힌 채 제한된 삶을 산다.

하지만 두려움을 직면하지 않으면 편도체는 현실을 바르게 인식할 기회를 영영 얻지 못한다. 안타깝게도 강의나 설명, 논리적인 설득으로는 편도체를 변화시킬 수 없다. 불안을 유발하는 상황에 직접적으로 노출되어 해롭거나 부정적인 일이 일어나지 않음을 경험할 기회를 가져야 한다(불안과 공포를 느끼는 것 자체가 부정적인 경험이지만, 그 외에 다른 부정적인 경험이 일어나지 않아야 한다).

그 과정을 거치며 편도체가 진정되는 것을 실제로 느낄 수 있을 것이다. 긴장이 풀리고 안도감이 드는 경험을 함으로써 편도체가 정말로 달라지고 있음을 알게 될 것이다.

23

노출 연습으로
두려움을 마주해 본다

일상에 중요한 영향을 미치는 트리거에 한해서 노출 기법을 시도한다.

불안 증상을 완화하고 싶다면 두려움에 한 걸음씩 맞서며 불편한 감정과 생각을 견디는 법을 배워야 한다. 두려움에 반복적으로, 충분히 오랜 시간 마주하면 분명 불안이 줄어들 것이다.

편도체는 부정적인 일이 발생하지 않는 상황에서 트리거를 경험해야만 그것이 위험하지 않다는 사실을 학습할 수 있다. 여러 사람 앞에서 발표하기, 아이의 토사물 처리, 친구들과 붐비는 콘서트 관람하기 같은 트리거에 자신을 노출시켜 이전과 다르게 반응할 수 있도록 편도체를 가르쳐 보자.

불안을 유발하는 상황에 자신(특히 편도체)을 의도적으로 두는 것을 '노출exposure'이라고 한다. 트리거에 노출되면 중간 수준의 불안을 느낄 것이다. 하지만 그 상황에서 벗어나지 않고 머무른다면 시간이 지나면서 불안이 점차 줄어들기 시작할 테고, 그 변화를 실제로 느낄 것이다. 이런 경험은 편도체에게 해당 상황이 위험하지 않다는 것을 보여줌으로써 편도체가 방어 반응을 멈추도록 변화시킬 수 있음을 깨닫게 해 준다.

노출 훈련을 실시할 때는 두려움이 크지 않은 상황부터 시작해 점차 어려운 상황으로 발전시켜 나가는 것이 좋다. 만약 친구의 개가 무섭다면 먼저 친구에게 개의 목줄을 잡고 있으라고 한 다음, 그 주변에 머물러보자. 이것이 노출 훈련의 첫 단계다. 다음 날에는 친구가 목줄을 잡은 상태에서 개에게 좀 더 가까이 다가가 쓰다듬어 보자. 그리고 마지막으로 개를 목줄 없이 자유롭게 방에 풀어 놓고 그 주변에 함께 있어 보자. 이때 불안이 줄어들 때까지 그 상황에서 벗어나지 않겠다는 마음먹는다.

이러한 과정을 통해 편도체는 개가 생각보다 위험하지 않다는 것을 배운다. 불안이 가라앉는 데 걸리는 시간은 사람마다 다르겠지만, 편도체를 트리거에 노출시키고 부정적 경험(불안감을 제외한)이 발생하지 않으면 불안이 줄어드는 것을 확연히 느낄 것이다. 반복적이고 일관되게 두려움과 마주하면 불안은 점차 줄어들 것이다. 어쩌면 예상보다 더 빨리 감소할 수도 있고, 불안이 가라앉는 데 시간이 제법 걸릴 수도 있다.

하지만 괜찮다. 당신은 지금 어느 정도의 불안을 견딜 수 있으며, 불안이 당신을 해치지 않는다는 것을 배우는 중이다.

노출 훈련으로 두려움과 마주하기

불안을 유발하는 자신의 트리거를 생각해 보자. 이 트리거에 대한 반응 때문에 중요한 일을 하지 못하는 것은 아닌가? 일상생활에 중대한 영향을 미치는 트리거에 한해서만 노출 기법을 시도해 보자.

트리거와 연관된 활동 중에서 중간 수준의 불안을 유발하는 활동 세 가지를 생각해 종이에 적어보자. 그런 다음 각 활동에 대한 불안의 정도를 0~100 사이의 점수로 매긴다. 여기서 100은 견딜 수 없는 수준의 불안이다. 세 가지 활동 가운데 불안 점수가 가장 낮은 활동을 선택해 불안이 반으로 줄어들 때까지 그만두지 않기로 목표를 정한다. 만약 불안 수준이 80이라면 40으로 줄어들 때까지 그 상황에 머물러야 한다.

활동을 마친 후 무엇을 알게 되었는지 살펴보자. 불안이 비교적 빨리 줄어들었는가, 아니면 제법 시간이 걸렸는가? 생각보다 잘 견딜 수 있었다는 사실에 놀랐는가?

만약 불안이 반으로 줄지 않았다면 줄어들 때까지 훈련을 반복한다. 불안이 반으로 줄었다면 최소 한두 번 더 반복하고 다음 활동으로 넘어간다. 여기서 중요한 점은 중간 수준의 불안을 유발하는 활동을 선택해야 한다는 것이다.

특정 활동이 불안을 유발하지 않거나, 불안을 유발하더라도 불안이 줄어드는 경험을 하지 못하면 편도체는 아무것도 배우지 못한다. 그뿐만이 아니다. 불안을 견뎌내지 못하면 자신이 해낼 수 있다는 것도, 두려워하는 일이 발생하지 않을 수 있다는 사실도 깨닫지 못한다.

다음은 사람들 앞에서 창피를 당할까 봐 두려워 대화하기를 꺼리는 사람에게 필요한 세 가지 활동 예시다. 기억하자! 불안이 절반으로 줄어들 때까지 주어진 상황을 견뎌야 한다.

- 쇼핑몰을 걸어 다니며 사람들과 눈을 마주치면 살짝 미소 짓기 **(불안 점수 : 30)**
- 가족 모임에 참석해 친척들과 대화하기 **(불안 점수 : 60)**
- 그리 친하지 않은 사람에게 먼저 다가가 오늘 하루가 어땠는지 등을 물으며 대화 시작하기 **(불안 점수 : 90)**

노출 훈련을 하는 것이 쉽지 않겠지만, 올바르게 수행하는 것이 매우 중요하다. 최소한 불안이 절반 이상 줄어들기 전에 트리거

를 피해 버리면 편도체 반응이 완화되기는커녕 도리어 불안이 강화될 수 있다. 불안감이 절반으로 줄어들 때까지 트리거에 놓인 상황을 견딜 확신이 없다면 혼자 노출 훈련을 하는 것은 권하지 않는다. 그럴 때는 숙련된 전문 치료사의 도움을 받아 제대로 진행해야 한다. 치료사는 노출 훈련 중에 흔히 발생하는 문제들을 어떻게 처리해야 할지 알고 있으므로 전문 치료사에게 도움을 요청하자. 노출 훈련은 올바르게 실행하면 놀랍도록 강력한 효과를 가져온다.

24

이토록 겁 많은 편도체

편도체는 늦은 밤 걸려오는 전화에도
정글에서 호랑이를 만난 것처럼 반응할 수 있다.

편도체의 기능은 선사 시대부터 이어져 온 것이다. 따라서 편도체의 반응 패턴을 이해하려면 편도체가 과거 우리 조상들에게 어떤 방식으로 도움이 되었는지 살펴봐야 한다.

편도체의 핵심 목적 중 하나는 우리를 위험으로부터 안전하게 지키는 것이다. 편도체는 포식자를 경계하고 장소, 물체, 소리, 심지어 맛이나 냄새 등 위험한 것은 무엇이든 기억하도록 발달했다. 위험과 연관된 모든 것들은 안전하지 않다고 식별하게끔 기억에 저장된다. 그래서 나쁜 경험과 연관된 장소에 접근하거나 특정 냄새를 맡으면 편도체는 위험을 알리는 방어 반응과 감정(두려움, 불안, 공포)을 생성한다.

선조들에게는 이 같은 기능이 유용했지만 21세기를 살아가는 우리에게는 쓸모가 덜하다. 가령 호랑이를 마주칠까 봐 두려워 호랑이가 출몰했던 장소를 피하는 것은 호랑이의 공격 가능성을 줄이는 데 도움이 된다. 하지만 한 아이가 교실에서 끔찍한 천둥 번개를 경험한 후 학교에 가는 것을 두려워한다면 과연 그 행동이 도움이 될까? 이것이 바로 편도체가 만들어내는 감정적 학습의 일종이다.

어떤 장소나 물건이 전혀 위험하지 않은데도 편도체는 예상치 못한 두려움을 생성하기도 한다. 이는 편도체가 특정 자극을 나쁜 경험과 연관 지어 학습하고 반응을 일으키기 때문이다. 가령 어떤 사람은 비틀스의 특정 노래를 들을 때마다 극심한 두려움을 느끼는데, 이는 과거에 자동차 사고가 나던 순간 라디오에서 그 노래가 흘러나오고 있었기 때문이다.

어느 대학생이 심리학 시험을 치르러 강의실에 들어가는데 아드레날린이 솟구치고 심장이 쿵쾅거리는 경험을 한다면, 위험으로부터 도망치도록 설계된 반응이 도움이 되는 게 과연 맞는지 의아할 것이다. 현대 사회는 위험한 포식자를 마주칠 일이 거의 없다. 그런데도 우리의 뇌와 신체는 여전히 포식자들로부터 도망칠 준비를 하고 있다. 편도체는 늦은 밤 걸려오는 전화에도 정글에서 호랑이를 만난 것처럼 반응할 수도 있다는 얘기다.

바보 같은 편도체

편도체의 반응을 덜 심각하게 받아들이면 편도체가 만들어내는 감정에 휘둘리는 경향을 줄일 수 있다. 다음 내담자들의 이야기를 읽고 당신이라면 편도체에게 어떻게 말할지 생각해 보자.

- 한 여성은 거미가 위험하지 않다는 사실을 깨닫고 자신을 도망치고 싶게끔 만드는 편도체에게 이렇게 말했다. "이봐 편도체! 네가 좋든 싫든 나는 너를 거미가 있는 지하실로 데려갈 거야!"
- 한 회사의 CEO는 직원들이 파티에서 술을 마시며 언성을 높여 대화하는 모습만 보면 긴장이 됐다. 알고 보니 지금은 술을 끊은 지 오래지만 어린 시절 술에 취하면 폭력적으로 변하던 아버지에 대한 기억 때문이었다. 그녀는 이렇게 말했다. "솔직히 내 편도체는 아직도 다섯 살 꼬마처럼 행동하고 있어. 제길, 나는 이제 어엿한 한 회사의 CEO인데 말이야."
- 사람들과의 관계에서 불안을 느끼는 한 십 대 소녀는 집에서 가족 모임이 열릴 거라는 이야기를 듣고 너무도 당황해 담당 의사에게 어떻게 하면 좋을지 물었다. 그러자 의사는 가족 모임이 열리는 동안 동네를 한 바퀴 돌고 오는 게 어떠냐고 제안했다. 미심쩍었지만, 소녀는 의사의 말을 따랐다. 며칠 후 소녀가 의사를 찾아와 이렇게 말했다. "가족 모임이라니, 엄청 스트레스 받았어요. 그래서 엄마한테 선생님이 동네 한 바퀴를 돌고 오라고 권했다고 말했죠." 소녀는 동네를 돌고 집에 돌아와 친척들과 차분하게 대화

> 를 나눴고 그런 모습에 스스로 놀랐다고 했다. "심지어 삼촌들이랑 얘기를 했지 뭐예요! 불안이 사라졌어요! 무슨 일이 일어난 거죠?" 그 말에 의사는 편도체가 투쟁 혹은 도주 반응을 생성했을 때 편도체가 원한 것이 바로 달리기였다고 답했다. 그러자 소녀가 말했다. "하지만 금방 돌아온걸요. 세상에, 편도체는 바보인가 봐요!"

자, 이제 당신 차례다. 노트를 꺼내 '바보 같은 편도체'라고 제목을 쓰고 언제 편도체가 어리석게 보였는지 적어보자. 다음과 같은 문장으로 시작해도 좋다.

- 편도체가 _____ 이라고 생각하는 걸 믿을 수가 없어.
- 편도체가 _____ 할 때면 어이가 없어.
- 확실히 편도체는 _____ 가 위험하다고 생각해.
- 편도체는 내가 _____ 로부터 도망치기를 바라고 있어.
- 편도체는 내가 _____ 와 싸우기를 원해.

편도체의 반응을 덜 심각하게 받아들이자. 편도체가 만들어내는 반응은 틀릴 수 있으며 시대와도 맞지 않음을 인식해 보자. 많은 상황에서 편도체는 위험하지 않은 것에 두려움을 느끼게 만들고, 불필요한 분노를 느끼도록 우리를 잘못된 길로 이끌곤 한다.

25

나에게 중요한 가치를 헤아려 본다

자신이 누구인지, 어떤 사람이 되고 싶은지 되짚고 그에 부합하는 목표를 선택한다.

때로 우리는 두려움과 불안에 사로잡혀 중요한 것을 놓치곤 한다. 안도감을 찾는 데 급급하다가 불안을 경험하지 않는 것이 삶의 목표가 되어 버린다. 시야가 좁아지고 삶의 전반적인 모습을 보지 못하게 된다. 그러다 보면 인생의 목표와 가치에 대해 무감각해진다. 이번 장에서는 자신의 가치관을 명확히 하고, 무엇이 진정으로 중요한지 생각해 보도록 돕고자 한다. 이를 통해 삶 속에 그러한 열망이 다시 자리 잡게 할 것이다.

가치와 목표는 다르다. 가치(혹은 가치관)는 인생에서 중요하게 여기는 것이 무엇인지, 직장이나 가정, 공동체, 지구상에서 자신이 맡은 다양한 역할에 대해 무엇을 기대하는지에 대한 신념이라고 할 수 있다. 목표는 성취하는 것이지만 가치는 그렇지 않다. 가치는 목표 설정에 영향을 미치는 믿음이며, 목표를 달성하도록 동기를 부여해 더 큰 자기만족을 얻게 한다.

인생은 때때로 자신의 가치관과 맞지 않는 업무와 책임감을 짊어지운다. 그리고 불안은 우리가 중요하게 여기는 가치에서 눈을 돌리게 만들고 목표를 지배한다. 불안 때문에 중요한 것을 소홀히 하고, 불안을 억제하느라 턱없이 좁아진 행동반경을 벗어나지 못하기도 한다.

시간을 가지고 자기 자신에게 중요한 것이 무엇인지 되돌아보자. 자신이 누구인지, 어떤 사람이 되고 싶은지 다시금 생각해 보고 그에 부합하는 목표를 선택하자.

가치 되돌아보기

다음의 영역을 살펴보고, 당신이 중요하게 여기는 가치와 각각의 영역이 어떻게 연결되는지 생각해 보자. 특별히 관심이 가는 영역이 있는가? 만약 있다면 그 영역에서 추구하고 싶은 가치를 하나 이상 적어보자. 만약 방해 요인이 없다면 어떤 가치를 추구하고 싶은가? 모든 영역마다 특정 가치를 꼭 찾을 필요는 없다.

- **영적 생활** : 자신에게 울림을 주는 영적 및 종교적 전통이 있는지 폭넓게 생각해 보자. 그 전통에서 당신이 높이 평가하고 중요시하는 가치를 찾아보자. 울림을 주는 구체적인 가치가 있는가?
- **신체 건강** : 건강 유지와 관련해서 중요하게 여기는 가치가 있는가?
- **인간관계** : 인간관계에서 중요하게 생각하는 가치가 있는가? 관계의 성격에 따라 중요하게 여기는 가치는 다양할 것이다. 자신에게 어떤 관계 유형이 중요한지 생각해 보자. 연인 관계? 교우 관계? 직장 동료와의 관계? 삶에서 중요하다고 생각하는 관계에 대해 다음 질문에 답해 보자.

  다른 사람과의 관계에서 주고자 하는 것 중 가치 있는 것은 무엇인가? 다른 사람과의 관계에서 얻고자 하는 것 중 가치 있는 것은 무엇인가?

  다음의 단어들은 인간관계에서 무엇을 중요하게 생각하는지 파악하는 데 도움이 될 것이다 ▶ 사랑, 인내, 권력, 모험, 평온, 배움, 자유, 재미, 안전, 공정, 행복, 조화, 정직, 유머, 참여, 충성, 독립, 놀이, 존중, 명성, 안정, 이성, 부.
- **가족** : 가족 간의 다양한 관계에서 당신이 중요하게 여기는 가치는 무엇인가?
- **교육** : 삶의 일부로서 교육을 중요하게 생각하는가? 그렇다면 더 많은 교육을 받길 원하는가?
- **일과 커리어** : 커리어나 직장에서 중요하게 여기는 가치는 무엇인가? 어떤 마인드로 일하고 싶은가?

- **경험적 가치 :** 어떤 유형의 경험을 소중하게 생각하는가? 음악, 자연, 춤, 스포츠, 오락, 유머, 사색, 맛있는 음식 등의 경험이 삶의 일부로 중요하다고 여기는가?

가장 중요하게 여기는 가치와 자신을 연결해 생각해 보는 시간은 목표 설정에 도움이 된다. 특정 활동에 열정을 느끼지 못하거나, 삶의 특정 영역에서 만족하지 못하는 이유를 명확히 하는 데도 도움이 된다.

이렇게 되짚다 보면 자신에게 중요한 의미를 지닌 가치와 멀어졌다는 사실을 깨닫게 될지도 모른다. 혹은 일부 가치가 서로 충돌을 일으키는 것을 알게 되어 무엇이 더 중요한지 선택해야 할 수도 있다. 이러한 현상은 흔히 일어나는 일이며, 이를 인식함으로써 인생에서 무엇이 중요한지 좀 더 현명하게 결정할 수 있을 것이다.

26

두려움을 반기며 맞이한다

용기를 낸다는 것은 두려움의 존재를 인정하고 숨을 고르고, 두려움을 안고 나아가는 것이다.

편도체가 생성하는 신체 감각과 감정에 지나치게 의미를 부여하고 신경을 쏟다 보면, 편도체는 당신을 제멋대로 휘두르는 불량배가 될 수도 있다. 예를 들어 '암에 걸려서 죽으면 어떡하지'라고 걱정하면, 단지 생각만 했을 뿐임에도 편도체가 그에 반응해 실제로 암에 걸린 것 같은 불안감을 생성할 수 있다. 당신은 불안을 가라앉히기 위해 암 증상을 검색하고, 몸에 종양이 있는지 검사를 받고, 암에 걸리지 않았다고 스스로를 안심시키려고 애쓴다.

이런 방법들은 불안을 일시적으로 누그러뜨리지만, 장기적으로는 오히려 불안을 키울 뿐이다. 편도체가 만들어낸 불안을 마치

제거해야 할 대상인 듯이 반응함으로써 더 많은 시간과 주의를 쏟게 되고 그로 인해 불안은 점점 커진다.

앞서 두려움과 불안을 직면하는 것이 장기적으로 봤을 때 불안을 낮출 수 있는 전략이라고 이야기한 바 있다. 여기서 더 나아가 두려움을 반갑게 맞이하는 것도 하나의 전략이 될 수 있다. 예를 들어 편도체를 불량배라고 생각하고 이렇게 말해 보자. "또 너구나? 또 나를 겁주려고 하는 거지?" 그런 다음 개의치 말고 하던 일에 집중하자. '이건 두려움을 마주해 편도체를 가르칠 수 있는 이 기회야. 물러서지 않을 거야.' 이렇게 생각해도 좋다.

두려움을 반갑게 맞이하는 것과 함께 편도체에게 감사하는 마음을 갖는 것도 하나의 전략이다. 러스 해리스 박사는 그의 저서 《행복 전환 연습》에서 '마음에 감사하기'라는 활동을 소개했다. 우리의 뇌는 자신을 안전하게 지키도록 설계되었음을 상기하고, 편도체가 우리를 겁주려고 할 때 편도체에게 감사의 인사를 전해 보자. 마음이 만들어내는 생각에 휩쓸리기보다는 나를 걱정하고 보호하려는 편도체에게 고맙다고 말하는 거다. "편도체야, 날 지키려고 애써줘서 고마워.", "대뇌피질아, 그렇게 기발한 생각을 해줘서 고마워!"

자신의 생각이나 불안을 항상 믿을 필요는 없다. 생각은 사실에 기반하지 않은 경우가 많다. 그런데도 우리는 편도체가 불안을 만들어내면 어느 순간 그것을 심각하게 받아들인다. 그럴 필요가 없다. 잠재적인 위험에 대해 창의적으로 생각하는 게 늘 도움이 되지는 않는다는 점을 의식하자.

편도체가 대뇌피질의 생각이 마치 현실인 것처럼 반응한다는 사실을 안다면 편도체의 걱정과 경고성 불안에 감사하는 동시에 "편도체야. 나한테 맡겨.", "걱정해 줘서 고마워. 다만 지금은 내가 다른 일에 집중하고 있어."라고 말할 수 있을 것이다. 불안을 유발하는 모든 생각에 이 방법을 적용하자. 편도체가 두려워한다고 해서 당신도 덩달아 두렵지 않다는 것을 편도체에게 보여주자.

두려움과 불안을 반기며 맞이하기

마음속에 있는 불안한 생각 하나를 떠올리자. 그리고 그 생각에 반응해 편도체가 만들어낸 불안감을 긍정도 부정도 아닌 중립적인 태도와 열린 마음으로 반갑게 맞아보는 거다. 때로는 유머로 맞이해도 좋다. 두려움을 반갑게 맞이하는 데 도움이 될 만한 문장을 다음과 같이 노트에 적어보자.

"내가 암에 걸릴 수 있다는 걸 상기시켜 줘서 고마워. 네가 나를 불안하게 만들어서 나를 보호하려는 거 알아. 내가 하던 일을 마저 하는 동안 나랑 같이 있는 게 어때? 나는 네가 참 고마워!"

이때 신체 반응을 살피는 것도 도움이 된다. 몸을 움츠리거나 얼굴을 찡그리고 있지는 않은가? 자세와 표정에 겁먹은 반응을 보이지 말고 중립적이고 열린 자세로 불안을 맞이하자. 자, 몸의 긴장을 풀고 고개를 들고 미소를 지어보자. 당신을 괴롭히는 불량배가 이런 반응을 본다면 다른 상대를 찾아 떠나지 않을까?

의식한 것들을 노트에 적어보자. 이러한 접근 방식이 낯설진 않은가? 생각에 사로잡히지 않는 것이 어려운가? 불안을 반갑게 맞았을 때 불안이 더 빨리 줄어들었는가?

불안을 반갑게 받아들이라는 말은 직관에 반할뿐더러 매우 어려운 일처럼 들릴 것이다. 그러나 기억하자. 용기를 낸다는 것은 두려움의 존재를 인정하고, 숨을 고른 다음, 그 두려움을 안고 앞으로 나아가는 것이다. 용기는 두려움 없이 행동하는 것이 아니라 두려움에도 불구하고 행동하는 것이다.

27

강박 행동과
안전 추구 행동에 저항한다

강박 행동은 일시적으로는 효과가 있을지 몰라도 장기적으로 불안을 더 지속시킬 뿐이다.

불안감을 느낄 때 당신은 어떻게 행동하는 편인가? 아마도 자신만의 방법으로 불안을 없애려 할 것이다. 불안은 불편하고 괴로운 감정이기 때문이다.

사람들은 불안감을 낮추기 위해 다양한 행동을 한다. 강박 행동이나 안전 추구 행동도 두려움이 현실화되는 것을 막으려는 행동이다. 그러나 이는 불안을 일시적으로 낮추는 데는 효과가 있을지 몰라도 장기적으로 볼 때는 불안을 지속시킬 뿐이다. 이러한 행동을 하면, 자신이 불안을 견딜 수 있으며 두려움과 마주할 수 있다는 사실을 배우지 못한다. 또 편도체에게 두려워하는 일이 실제로 일어날 가능성이 낮음을 가르칠 기회도 얻지 못한다.

대신 불안을 느낄 때마다 특정 행동을 해야만 한다고 믿기 시작한다. 그뿐만이 아니다. 강박 행동이나 안전 추구 행동을 했는데 두려워하던 일이 일어나지 않으면 그 행동 덕에 안도감을 얻었다고 오인하게 된다. 다른 방법으로 안도감을 얻을 수 있음에도 말이다.

가령 '심장 마비가 오면 어떡하지?'라는 걱정이 든다고 해 보자. 그 걱정이 편도체를 활성화하고 불안을 생성한다. 이때 당신은 불안을 줄이기 위해 심박수를 확인한다(안전 추구 행동). 심박수가 정상이면 안도하지만, 그 생각이 떠오를 때마다 끊임없이 심박수를 확인하게 된다. 결국 같은 행동이 반복되고 하루에도 수십 번씩 심박수를 확인하는 강박 행동을 한다. 걱정에 사로잡힐 필요가 없음을 배우지 못한 채로, 심박수를 확인했기에 심장 마비를 막을 수 있었다는 착각에 이르는 것이다.

흔히 볼 수 있는 강박 행동으로는 신체 징후나 증상 확인하기, 구글 검색하기, 씻거나 청소하기, 안심(확신) 구하기, 필요 이상으로 병원 방문하기, 특정 활동 피하기, 출구 근처에 앉기 등이 있다. 강박 행동이 항상 겉으로 드러나는 것은 아니다. 불안을 줄이기 위해 마음속으로 하는 정신적 강박 행동도 있다. 특정 사건을 끊임없이 복기하고 분석하거나, 반복해서 자신을 안심시키는 것이 이에 해당한다.

강박 행동과 안전 추구 행동은 편도체 활성화를 강화한다. 이러한 행동으로 얻은 일시적인 안도감이 불안을 생성한 편도체에 대한 보상으로 작용하기 때문이다. 우리가 무언가를 하도록 편도체가 유도했고 일시적인 안도감을 느끼게 하는 데 성공한 것이다. 결국 편도체가 승리하고 불안은 계속된다.

강박 행동 및 안전 추구 행동을 줄이는 전략

1. **강박 행동을 기록해서 수행 횟수를 추적하기.** 자기 모니터링이 행동을 변화하는 데 도움이 된다는 연구 결과가 있다(발라그히 등 2022).

2. **강박 행동의 횟수를 줄이거나 그 행동 일부를 하지 않도록 노력하기.** 예를 들어 피부를 살펴보고 손으로 만져서 혹이 있는지 확인하는 습관이 있다면 피부 살펴보기와 손으로 만지기 중 하나만 한다.

3. **행동을 지연하기.** 충동이 강하게 일더라도 바로 행동에 옮기지 말고 스스로 15~30분 동안은 참을 수 있다고 말하고 그 후에 행동한다. 저항하는 힘을 키우는 훈련을 통해 편도체는 새로운 반응을 학습할 기회를 얻는다. 자신이 얼마나 잘 저항할 수 있는지 느껴보자.

4. **강박 행동 대신 의미 있는 활동하기.** 예를 들어 강박 충동이 생길 때 산책을 하거나, 친구에게 전화를 걸거나, 뜨거운 물에 샤워를 한다.

5. **강박 행동이 정신적인 것일 때는 다른 활동에 주의를 집중하기.** 게임, 전화 통화, 100부터 7씩 빼면서 거꾸로 세기 등을 통해 주의를 다른 곳으로 돌려 강박적인 사고를 떨쳐낼 수 있다. 이러한 활동은 상당한 주의력이 필요하므로 동시에 정신적 강박 행동을 하기가 어렵다.

6. **강박 행동을 하고 싶지 않은 이유를 상기하기.** 예를 들어 이렇게 말해 보자. '나는 편도체가 내 삶을 휘두르게 두고 싶지 않아', '나는 불안을 줄이고 싶어', '나는 더 이상 이런 일에 시간을 낭비하고 싶지 않아'.

7. **단 몇 분이라도 좋으니 아무것도 하지 않고 불안을 견뎌보기.** 처음에는 힘들고 불편하겠지만 연습을 거듭할수록 수월해질 것이다.

8. **점진적인 근육 이완이나 마음챙김 훈련하기.** 자신이 경험하는 불안을 호기심을 가지고 간찰히는 데 집중해 본다.

9. **도움받기.** 강박 충동이 생길 때 믿을 만한 친구나 가까운 사람에게 알리고 함께 즐거운 활동을 하자고 부탁한다.

강박 행동과 안전 추구 행동은 일시적으로는 도움이 되는 듯이 보이지만, 장기적으로 보면 편도체가 불안을 계속 생성하게 만든다는 점에 주목해야 한다. 특정 상황에서 반복적으로 발생하는 불안을 막으려면 강박 행동과 안전 추구 행동을 줄이고, 생각이나 상황을 받아들임으로써 편도체가 그 상황을 안전하다고 인식하게 만들어야 한다. 그렇지 않고 강박 행동과 안전 추구 행동을 계속한다면 편도체는 해당 상황에서 방어 반응을 일으킬 필요가 없음을 학습하지 못한다.

28

반대로
행동해 보자

불안이 자신을 속이고 있다고 생각하고 대응한다.
편도체가 뭐라고 하든 그 반대로 행동해 보자.

편도체는 불안과 두려움이라는 매우 강력한 도구를 이용해 우리에게 막강한 영향을 미친다. 교감 신경계가 활성화되고 두려움과 공포가 밀려오면 모든 세포가 자신에게 위험을 알리고 있는 듯이 느껴질 것이다. 그러면 우리는 도망치거나, 그 자리에 얼어붙거나, 싸워야 한다고 느낀다. 처음에 떠오르는 이 같은 반응은 사고의 차원에서 발생하는 반응이 아니라 자기 자신을 안전하게 지키려는 매우 원초적이고 기본적인 감정과 생리적 반응이다.

    그러나 현대 사회에서는 이러한 반응이 실제 위험을 반영하지 않을 때가 많다. 그럼에도 이런 반응을 경험하면 자연스럽게 실제 위험으로 해석하기 마련이다. 여기에 부정적이고 극단적인 생각들이 뒤따르면 불에 기름을 붓는 격으로 불안이 증폭된다. 결국 위험해 보이는 상황, 사람, 장소, 물건을 모두 피하고 싶은 충동을 느낄 뿐만 아니라 반드시 피해야 한다고 믿기 시작한다. 또는 위험이 실제 존재하지 않음을 인지하면서도 신체적 반응이 워낙 강렬해서 그것을 따르게 된다. 사실 우리가 어떤 상황을 피할 때는 대개 편도체가 만들어낸 불안과 두려움의 감정을 피하는 것일 뿐 실제 위험을 피하는 게 아니다.

불안한 상황에서 일단 벗어나면 우리는 안도감을 느낀다. 편도체가 끔찍한 감각을 만들어내는 것을 멈추면 기분이 한결 나아진다. 하지만 안타깝게도 회피와 불안으로 인해 모르는 사이에 우리의 세계는 점점 작아진다. 우리가 찾는 안도감이 우리의 행동을 제한하고 자유를 앗아간다. 회피는 편도체가 정해 놓은 경계 안에 우리를 머물게 해 삶에 대한 주도권을 잃게 만든다. 편도체가 하지 말라고 경고를 보내면 우리는 그것을 순순히 따르고, 결국 편도체는 그 상황이 안전하다는 것을 학습하지 못한 채 불안을 생성한다.

'반대 행동_{opposite action}'은 편도체가 우리의 삶을 제한하지 않도록 불안을 관리하는 데 도움이 되는 기법이다. 변증법적 행동치료 Dialectical Behavior Therapy, DBT(리네한 2014)에서 비롯되었으며, 말 그대로 편도체가 뭐라고 하든 그 반대로 행동하는 것을 뜻한다.

반대 행동은 두려워하는 일을 실행하는 것을 포함하며, 이는 두려워하는 대상에 다가가는 것부터 시작한다. 단순히 다가가는 것 자체는 어렵지 않을 것이다. 두려워하는 것에 다가가는 행위는 불안에 대한 자신감과 통제력을 얻는 데 도움이 된다. 불안이 당신을 속이고 있다고 생각하고 대응하자. 실제로는 위험하지 않다고 생각하자. 그리고 주도권이 누구에게 있는지 편도체에게 보여주자. 불안에 대한 반대 행동의 단계는 다음과 같다.

첫째, 신체 반응과 불안감 그리고 이와 연관된 '회피 충동'을 인지하고, 이것을 상황이 위험하다는 증거가 아니라 단순히 감각과 감정으로 받아들인다.

둘째, 회피하려는 충동이 이 상황에서 건강하고 유용한 것인지, 아니면 그저 불안을 지속시키고 자신의 행동을 제한하는 반응인지 판단한다.

셋째, 회피하려는 충동이 도움이 되지 않거나 건강하지 않다면 반대로 해 보자. 다시 말해 피하지 말고 다가가 본다.

반대 행동 시도하기

하고는 싶지만 불안감 때문에 회피하는 활동에 대해 생각해 보자. 그 활동이 건강하고 가치 있는 일인가? 자신에게 가치 있는 일을 선택하자. 이제 반대 행동을 해 보자. 회피했던 활동을 향해

한 발짝 내디뎌 보자.

예를 들어 어떤 모임에서 모르는 사람과 이야기하는 게 두렵다면 모임에 가고 싶지 않을 것이다. 모임에 가지 않으면 일시적으로 불안이야 줄겠지만, 사회적으로 고립될 수 있고 새로운 사람들과 대화하는 게 위험하지 않다는 것을 편도체한테 보여줄 기회도 잃는다.

이때 불안감을 느끼더라도 잠깐이나마 모임에 참석하는 것이 바로 반대 행동이다. 계속해서 불안을 느낄 것이라 예상할 테지만, 일단 모임에 참석하고 나면 불안은 서서히 줄어들 가능성이 높다. 편도체는 예상되는 위험에 대한 불안을 만들어내지만 실제 상황에 들어가서는 활성화 상태가 유지되지 않기도 한다. 반대 행동을 취함으로써 편도체가 당신의 행동을 지배하지 못하게 하는 것이다.

편도체는 종종 위험하지 않은 상황을 위험하다고 오판한다는 점을 기억하자. 또 편도체가 경험을 통해 학습한다는 사실도 명심하자. 운동선수 월터 앤더슨 Walter Anderson은 "행동만큼 불안을 빠르게 줄여주는 것은 없다."라고 말했다.

29
마음챙김의 기적

생각과 거리를 둠으로써 걱정에 사로잡히지 않고 마치 방관자처럼 바라볼 수 있다.

퇴근 후 차를 몰고 집에 도착했는데, 문득 자신이 정신을 딴 데 팔고 있었음을 깨닫고 무사히 귀가한 것에 가슴을 쓸어내린 적이 있는가? 생각에 잠겨 나무도, 도로도 보지 못했을 것이다.

우리는 종종 지금 이 순간에 주의를 기울이지 않는다. 현재 순간에 집중할 때도 그 순간을 판단하고 분석하고 평가하느라 바쁘다. '잠시 멈춰 서서 장미 향을 맡아보라.'라는 말을 들어본 적 있는지 모르겠다. 여유를 가지고 현재의 자기 삶에서 즐거움과 아름다움을 찾는 것이 중요하다는 관용적 표현이다. 장미 향을 맡고 하늘을 나는 새들을 바라보는 상상을 하면서 지금 이 순간에 생각을 집중해 보자.

　마음챙김은 의도적으로 현재에 주의를 집중하되, 판단하지 않고 있는 그대로 받아들이는 데 중점을 둔다(오실로 등 2004). 마음챙김 명상의 목표는 감각을 사용해서 내면의 경험과 주변 세계를 판단 없이 관찰하고 인식하는 것이다. 예를 들어 감각을 사용해 사탕을 맛보거나 지나가는 다양한 차들을 관찰한다. 판단하지 않고 몸에서 느껴지는 감각이나 떠오르는 생각에 주의를 기울일 수도 있다. 하늘에 떠 있는 구름이나 시냇물에 떠내려가는 나뭇잎을 바라보듯 생각을 관찰할 수 있다.

　생각을 단순히 관찰하는 것만으로도 그 내용에 얽매이지 않는 데 도움이 된다. 생각과 거리를 둠으로써 생각에 사로잡히지 않고 마치 방관자처럼 바라볼 수 있다. 생각이 나쁘거나 해롭다고 믿거나 반응하는 대신, 마음에서 일어나는 일을 있는 그대로 관찰하고 알아차리는 것이기에 현재에 집중하고 평온을 얻는 데 도움이 된다. 생각은 그저 생각일 뿐 두려워할 대상이 아니다. 생각을 너무 심각하게 받아들이면 편도체가 활성화된다. 그저 단순한 생각일 뿐인데도 그 의미를 끊임없이 걱정하기 쉽다.

　마음챙김 명상은 우리가 쉽게 매몰되는 걱정스러운 생각에서 주의를 돌려 비교적 안전한 현재에 집중하도록 만들어 편도체를 진정시킨다. 마음챙김을 연습하면 불안에 휘둘리지 않고 집중하고 싶은 것을 선택하는 힘을 키울 수 있다. 우리 인간의 뇌는 쉽게 산만해지고 끊임없이 다른 것에 주의를 돌린다. '나쁜 일이 생기면 어떡하지?'라고 자주 걱정하는 편이라면, 마음챙김 명상으로 그러한 생각을 알아차리고 그 생각에서 벗어나 현재의 순간으로 주의를 돌려보자.

예를 들어 연인이 더 이상 나를 사랑하지 않는다는 생각이 들 때 그 생각에 집착하지 않고 나무와 꽃을 보고, 새들의 노랫소리를 듣고, 피부에 와닿는 뜨거운 태양의 열기를 느끼는 쪽으로 주의를 돌리는 거다. 머릿속에 떠오르는 모든 생각에 하나하나 신경 쓸 필요는 없다. 무엇에 주의를 기울일지 선택할 수 있다면 불필요한 생각에 에너지를 낭비할 필요가 없다.

마음챙김 명상은 아주 유용한 기술이다. 이유 없이 괴로움을 만들어내는 생각에 휘말리지 않고, 언제라도 감각을 사용해 지금의 순간에 머무를 수 있게 하기 때문이다. 우리의 뇌는 분석하고, 판단하고, 걱정하는 경향이 있다. 마음을 괴롭히는 생각에 자신도 모르게 빠져드는 경향이 있다면 마음챙김 명상을 시도해 보자.

근육을 강화하기 위해 꾸준히 운동하듯이 마음챙김도 꾸준히 연습해야 한다. 주변 환경처럼 단순한 것으로 주의를 돌려보사. 무엇이 들리고, 보이고, 어떤 냄새가 나는가? 마음챙김이 당신을 현재로 끌어당길 것이다. 마음이 이리저리 제멋대로 방황하게 두지 말고 마음챙김을 통해 마음의 운전대를 잡고 원하는 방향으로 이끌어보자.

호흡에 집중하는 것도 편도체를 활성화하는 생각에서 빠져나와 현재 순간에 주의를 기울이는 데 유용하다.

마음챙김 연습하기

자신의 호흡을 알아차리고 관찰하는 간단한 연습이다. 4~5분이면 충분하다. 익숙해지면 시간을 늘려본다.

하던 일을 멈추고 가만히 앉아 호흡에 집중한다. 호흡이 얕은지 깊은지, 빠른지 느린지, 따뜻한지 차가운지 느껴보자. 가슴에서, 코에서, 입에서 호흡을 느껴본다.

호흡을 세어보자. 머릿속에 다른 생각이 들 수도 있고 호흡을 판단할 수도 있는데, 이는 자연스러운 일이다. 그럴 땐 '그렇구나.'하고 주의를 다시 호흡으로 돌려 그저 호흡을 관찰한다. 주의를 여러 번 다시 집중시켜야 할 수도 있다. 사람의 마음은 원래 이리저리 떠돌아다니기 마련이다. 마음이 방황하면 이를 알아차리고 다시 호흡으로 주의를 돌리면 된다.

무엇을 느꼈는지, 이 과정이 어려웠는지, 얼마나 자주 주의가 흐트러졌는지, 호흡에 집중할 때 차분해지고 평온해지는 것을 느꼈는지 기록해 보자.

생각은 종종 과거나 미래를 판단하고 평가하느라, 또 어떤 때는 일어나지도 않은 미래를 걱정하느라 바삐 움직이며 우리를 괴롭힌다. 마음챙김은 그저 받아들임과 관찰로 우리가 현재에 집중할 수 있게끔 도와주는 훌륭한 기술이다. 마음챙김을 연습할수록 집중력을 통제하는 힘이 생긴다. 무엇에 집중할지 스스로 선택할 수 있으며 삶의 주도권을 잡을 수 있다!

3부

대뇌피질 진정시키기

생각과 해석의 방향대로
길은 닦인다

30
대뇌피질에서 시작된 것은 대뇌피질에만 머물지 않는다

편도체는 텔레비전을 시청하듯이
대뇌피질의 생각을 지켜보고 그에 반응한다

불안으로 어려움을 겪을 때, 뇌가 어떻게 불안을 생성하는지 메커니즘을 이해하는 것은 불안을 극복하는 데 큰 도움이 된다. 이제껏 살펴본 바에 따르면 불안은 뇌에서 사고를 담당하는 대뇌피질이 직접 생성하는 게 아니다. 오로지 편도체만이 두려움과 불안을 경험할 때 나타나는 모든 신체적 변화를 일으킨다. 방이 반응이 시작되면 교감 신경계가 활성화되고 두려움과 불안의 신체적 감각이 나타난다.

물론 대뇌피질은 놀라운 능력으로 수많은 일을 수행한다. 대뇌피질은 우리가 보고 듣는 것을 해석하며, 생각을 하고, 기억을 저장하고, 머릿속에서 자기 자신과 대화를 나누고, 논리와 추론을 펼칠 수 있게 한다. 대뇌피질은 우리가 불안을 경험하는 데 영향을 미칠 수 있지만, 그 방식은 흔히 생각하는 것과 다르다. 뇌에서 편도체와 대뇌피질 사이의 연결을 이해하면 불안을 조절하는 새로운 방법을 익히는 데 도움이 될 것이다.

대뇌피질에서 편도체로의 연결은 상대적으로 적은 데 비해, 편도체는 수많은 경로로 대뇌피질과 연결을 맺고 있다. 그에 따라 대뇌피질이 편도체를 감시하거나 영향을 미칠 수 있는 경로는 제한적인 반면, 편도체는 다양한 방식으로 대뇌피질을 감시하고 영향을 줄 수 있다.

대뇌피질은 뇌에서 발생하는 모든 과정을 모니터링하지 않는다. 예를 들어 시각 정보를 최종적으로 인식하고 공유할 뿐이며, 안구 뒷부분에 있는 세포들이 빛의 파장을 수집하고 그 정보를 뇌의 다른 부분으로 보내는 과정은 모니터링하지 않는다.

편도체에 대해서도 마찬가지다. 대뇌피질은 편도체에서 일어나는 일을 감시하거나 우리에게 보고하지 않는다. 그래서 우리는 편도체에서 어떤 일이 일어나는지 의식할 수 없다. 이는 시각을 생성하기 위해 눈과 뇌에서 어떤 일이 일어나는지 우리가 의식하지 못하는 것과 같다. 대뇌피질이 근육 긴장, 심박수 증가 같은 신체 감각의 변화를 경험하게 하거나, 두려움과 불안 등의 정서적 반응을 느끼게 할 때에야 우리는 편도체의 영향을 인식할 수 있다.

반면에 편도체는 대뇌피질로의 연결을 통해 대뇌피질에서 어떤 일이 일어나는지 알고 있다. 우리가 보고 들은 것을 대뇌피질이 세밀하게 분석할 때 편도체는 대뇌피질에서 일어나는 감각, 인식, 사고를 감시한다. 말하자면 우리가 보고 듣고 생각하는 것이 단순히 대뇌피질에만 머무르는 게 아니라는 뜻이다. 편도체는 텔레비전을 시청하듯이 대뇌피질에서 일어나는 일을 지켜본다. 그리고 대뇌피질에서 생성된 생각이 사실이든 거짓이든 상관없이 그에 반응한다.

예를 들어 당신이 아이를 특정 학교에 보낼 거라고 언니에게 말했을 때 언니가 얼굴을 찡그렸다고 해 보자. 순간 당신의 대뇌피질은 언니가 그 학교를 마땅치 않아 하며 당신의 선택을 부정적으로 보고 있다고 생각할 수 있다. 그러면 당신의 편도체는 대뇌피질에서 일어난 생각을 감시하고 약간의 불안감을 생성할 것이다. 실상은 언니가 학교의 위치를 기억해 내려고 얼굴을 찡그렸을 수도 있고, 아이가 학교까지 걸어서 갈지 버스를 타고 갈지가 궁금해서 그랬을 수도 있다. 하지만 언니가 당신을 부정적으로 평가하고 있다고 당신의 대뇌피질이 생각한다면, 편도체는 그 생각에 반응한다.

또 다른 예를 살펴보자. 닉이라는 남자가 애인에게 메시지를 보냈는데 답이 없다면 닉은 그녀가 자신과 헤어지려고 한다고 생각할 수 있다. 이때 닉의 편도체는 그 생각이 맞다는 증거가 없는 데도 불안을 마구 생성할 것이다.

대뇌피질의 영향 관찰하기

24시간 동안 자신의 생각을 관찰하면서, 단순한 생각이 편도체에 반응을 일으키는 순간을 알아챌 수 있는지 살펴보자.

처음에는 불안감이 느껴지기 전에 생각을 먼저 알아차리기가 어려울 것이다. 아마도 생각보다 불안한 감정이 먼저 느껴질 것이다. 그때 잠시 멈추고 조금 전에 무슨 생각을 했는지 되짚어보자.

대뇌피질에서 발생하는 생각이 편도체에 미치는 영향을 더 잘 인지하면 불안을 관리할 수 있는 방법이 늘어난다. 노트에 자신이 관찰한 것들을 기록해 보자.

편도체를 활성화하는 생각은 빈번히 불안을 경험하는 사람들이 흔히 가지는 문제다. 이 같은 생각을 제대로 인지하면 불안이 시작되는 지점을 파악하는 데 도움이 된다. 편도체를 활성화하는 생각을 멈추고 다른 생각으로 전환할 수 있다면 분명 불안은 줄어들 것이다.

31

대뇌피질의
채널을 바꾼다

대뇌피질에 떠오른 생각은 지울 수가 없다.
생각을 멈추고 싶다면 다른 생각으로 대체해야 한다.

눈앞에 놓인 청구서, 인간관계 속 갈등, 업무 스트레스…… 우리는 종종 걱정스러운 생각들이 머릿속을 떠나지 않아 불안에 휩싸인다. 이런 생각에 집착하는 것은 건강에 좋지 않으며, 편도체가 이에 반응해 활성화된다는 것도 안다. 그렇더라도 이러한 생각을 떨쳐내기란 쉽지 않으며, 누군가는 부정저인 생가에 매우 쉽게 갇혀버린다.

'반추反芻'는 잠재적인 문제나 위협이 될 만한 일을 오랫동안 부정적으로, 또 반복적으로 생각하는 것을 말한다. 반추라는 말은 소가 음식을 반복적으로 씹는 과정을 묘사할 때도 쓰인다. 그래서

'되새김질한다'라는 의미도 있다. 반추에 빠지면 괴로운 생각을 반복적으로 되새기느라 다른 생각으로 넘어가지 못한다. 반추는 범불안장애generalized anxiety disorder와 강박장애뿐 아니라 임상 우울증과도 관련이 있다.

앞서 편도체는 대뇌피질에서 발생하는 생각을 모니터링하고, 그 생각을 단순히 '일어날 수도 있는 사건에 대한 생각'이 아닌 실제 사건으로 받아들여 반응한다고 말한 바 있다. 편도체는 텔레비전 화면을 보듯 대뇌피질을 지켜본다. 대뇌피질에서 고통스러운 생각이나 이미지가 만들어지고 전개되는 과정을 고스란히 지켜보는 것이다. 하지만 텔레비전에 있는 '끄기' 버튼이 대뇌피질에는 없다. 그러면 어떻게 해야 할까? 채널을 바꿔야 한다!

대뇌피질이 어떻게 작동하는지 이해하면 채널을 좀 더 수월하게 바꿀 수 있다. 생각은 '멈춰!'라고 명령한다고 멈출 수 있는 게 아니다. 오히려 지금 당신에게 분홍 코끼리를 생각하지 말라고 하면 그 즉시 분홍 코끼리가 머릿속에 떠오를 것이다. 분홍 코끼리를 언급하는 순간 그와 관련된 정보를 저장하고 있는 대뇌피질의 신경 회로가 활성화되기 때문이다.

관련 회로가 활성화되면 당신은 분홍 코끼리에 관한 생각을 멈출 방법이 없다. 이때 분홍 코끼리 생각을 멈추는 가장 좋은 생각은 다른 생각으로 대체하는 것이다. 당신에게 파란 하트가 그려진 커다란 등껍질에, 입에 장미를 물고 있는 거북이를 상상하라고 한다면 분홍 코끼리 생각이 사라질 것이다.

대뇌피질에 떠오른 생각은 지울 수가 없다. 어떤 생각을 그만하고 싶다면 다른 생각으로 대체해야 한다. 원치 않는 생각이나 이미지를 그만 생각하라고 말하면 오히려 관련 신경 회로를 활성화할 뿐이다. 가령 "초과 인출 수수료에 관한 생각을 지금 당장 멈춰."라고 말하면 그것과 관련된 생각을 저장하고 처리하는 회로를 활성화해 초과 인출 수수료 생각이 머릿속에 계속 맴돌게 된다.

주의를 다른 곳으로 돌리는 것은 텔레비전 채널을 바꾸는 것과 같다. 다른 활동이나 생각에 집중함으로써 편도체를 자극하고 불안을 유발하는 채널에서 효과적으로 벗어날 수 있다.

채널을 바꾸는 연습

앞으로 24시간 동안 무슨 생각을 할 때 편도체가 활성화되어 불안을 느끼게 되는지 그 순간을 알아차리도록 의식해 보자. 그리고 그때 대뇌피질을 텔레비전이라고 가정하고 채널을 바꿔보자. 텔레비전 채널이 수백 개라면 대뇌피질에는 수백만 개의 채널이 있다. 몇 번 연습하면 비교적 쉽게 채널을 바꿀 수 있다!

채널을 바꾼다는 것은 편도체를 활성화하는 생각이 아닌, 당신이 원하는 생각에 대뇌피질이 집중하도록 만드는 것이다.

개를 훈련하는 일을 생각해도 좋고, 읽고 있는 추리 소설을 생각해도 좋다. 아니면 노래 부르기, 수다 떨기처럼 몸을 직접 움직이는 것도 좋고, 미래를 계획하거나 과거를 추억하는 것도 좋다. 단, 당신이 집중할 수 있는 것이어야 한다. 휴대폰 게임, 오랜 친구와 전화로 대화하기 같은 즐거운 활동도 좋고, 장 볼 목록이나 근무 일정 짜기처럼 일상적인 업무도 좋다. 무엇을 할지 고민이라면 다음 질문에 대한 답을 노트에 적어보자.

- ✓ 나는 무엇에 대해 생각하고 싶은가?
- ✓ 나는 무엇을 생각해야 하는가?

명심하자! 어떠한 생각이 위험하기 때문에 채널을 바꾸자고 말하는 게 아니다. 생각은 그저 생각일 뿐이다. 그 생각이 편도체에 부정적인 영향을 미치고 삶에 불필요한 불안을 유발하기에 바꾸자는 것이다.

32
대뇌피질을
무조건 믿지 않는다

우리가 보는 것은 현실 자체가 아니라
대뇌피질이 해석한 현실이다.

사람들은 뇌, 즉 대뇌피질을 통해 현실을 그대로 경험한다고 믿는 경향이 있다. 하지만 꼭 그렇지만은 않다. 대뇌피질이 동영상 녹화를 하듯 일어나는 모든 일을 정확히 기록하는 것도 아니고, 주변의 모든 소리에 주의를 기울이는 것도 아니다. 사실 대뇌피질은 잘못된 정보를 제공하는 데도 매우 능란하다.

편도체가 대뇌피질에서 벌어지는 일에 반응하며, 무언가를 걱정할지 말지를 결정할 때 종종 대뇌피질에 의존한다는 사실을 안다면 대뇌피질에 대해 약간은 회의적일 태도를 가질 필요가 있음을 깨달을 것이다.

명심하자. 대뇌피질의 판단이 항상 정확한 것은 아니다. 다음 문장을 읽어보자.

옛날 옛적에 예쁜 요정이 이 살고 있었습니다.

주의를 기울이지 않으면 대뇌피질은 명백히 존재하는 정보를 놓치기도 한다. 위 문장에서 당신의 대뇌피질은 글자 하나를 놓쳤을지 모른다. 무엇을 놓쳤는지 알아차렸는가?

스승의 은혜는 하늘 같아서 우러러 수록 높아만 지네.

대뇌피질은 없는 정보를 추가하기도 한다. 위 문장에서 존재하지 않는 글자를 대뇌피질이 추가해 읽었는가? 여기서 요점은 대뇌피질이 주변 현실을 정확히, 있는 그대로 재현하는 게 아니라는 점이다. 대뇌피질은 현실에 대한 경험을 창조하고 정보를 적극적으로 조작한다. 당신이 보는 것은 현실 자체가 아니라 대뇌피질이 해석한 현실이다.

이는 시각에만 국한되지 않는다. 다른 감각과 현실의 인식에도 적용된다. 대뇌피질은 기대나 예상을 바탕으로 정보를 처리하고 적극적으로 우리의 인식을 만들어낸다. 다음 문장을 살펴보자. 말도 안 되는 문장이지만 대뇌피질은 빠르게 이해할 것이다.

갑자기 폭풍우가 미듯친이 휘아몰칩니다.

분명한 사실은 대뇌피질이 존재하지 않는 것을 보게 한다는 점이다. 가령 친구가 화나지 않았다고 말해도, 당신은 친구가 당신에게 화가 났다고 생각하고 끊임없이 걱정한다. 의사가 암이 아니니 안심하라고 했는데도 피부에 나타난 혹이나 반점을 보고 암일 거라고 걱정할 것이다.

다른 사람들은 선명하게 보는 것을 자신은 보지 못하기도 한다. 가령 친구가 당신을 위해 특별한 친절을 베풀어도 친구가 진심으로 당신을 아끼는지 의심하기도 하고, 상사가 당신의 프레젠테이션이 훌륭하다고 칭찬해도 그렇게까지 잘한 것은 아니라고 스스로 생각하기도 한다. 대뇌피질은 지극히 잘못된 해석을 할 수도 있으므로 이를 무조건 믿지 않도록 주의해야 한다.

대뇌피질을 지나치게 신뢰하고 있진 않은가?

다음 질문을 읽고 생각나는 예가 있다면 적어보자.

1. 뒷받침할 증거가 거의 없거나 전혀 없음에도, 진지하게 받아들여야 할 것 같은 생각이나 걱정이 자주 머릿속에 떠오르는가?
2. 사람들이 그들의 생각을 말하지 않았는데도 그들이 무슨 생각을 하는지 안다고 믿는 경향이 있는가?
3. 일어나지 않은 일을 종종 걱정하는가?
4. 사람들이 왜 그렇게 했는지 이유를 설명하려고 할 때, 그들의 말을 믿지 못하고 당신의 추측이 맞다고 생각하는가?
5. 사실은 그렇지 않았는데도 누군가가 당신에게 실망했다고 생각한 적이 있는가?
6. 걸핏하면 미래에 나쁜 일이 일어날 거라고 상상하고, 상상한 결과를 지나치게 심각하게 받아들이는 경향이 있는가?
7. 단순히 떠오른 생각에 불과한데도 그 의미를 한 시간 내내 깊이 생각하곤 하는가?

위 질문에 '그렇다'고 대답하고 그 예를 쉽게 떠올릴 수 있다면 기대, 예상, 가정, 걱정에 지나치게 많은 의미와 주의를 기울이고 있다는 신호다. 이런 종류의 생각은 편도체를 활성화시키므로 결국 대뇌피질로 인해 불필요한 불안이 야기되는 셈이다.

우리의 생각이 늘 정확한 것은 아니다. 뇌는 현실을 있는 그대로 포착하는 것이 아니라 이전의 경험, 추정, 감정 그리고 다른 많은 요인에 근거해 현실을 해석한다.

문제는 단순히 그 생각을 믿는 데서 그치지 않는다. 편도체는 대뇌피질에서 무슨 일이 일어나고 있는지 감시하고 방어 반응을 일으킨다. 편도체는 마치 생각이 사실인 것처럼, 걱정하는 일이 실제로 일어날 것처럼 반응해 불안을 생성한다.

하나만 기억하자! 어떤 생각 때문에 불안이 엄습할 때 그것을 심각하게 받아들이지 말자. 대뇌피질을 무조건 믿지 마라!

33

탈융합 기법

자신의 생각이나 정서와 의도적으로 거리를 두고, 자신과 분리해서 인식하는 훈련을 해 보자.

간혹 사람들은 원치 않는 끔찍한 생각이나 이미지를 머릿속에 떠올리고 모종의 충동을 경험한다. 하지만 보통은 이런 생각에 계속 몰두하지 않을뿐더러 심각하게 받아들이지 않는다. 그러나 불안으로 힘들어하는 사람들은 다르다. 그들은 괴로운 생각에 집착하고 그런 생각이나 이미지, 충동이 떠오르면 실제 행동으로 옮길 수도 있다고 믿는다. 이러한 현상을 '사고-행동 융합 thought-action fusion' 이라고 부른다.

예를 들어 운전 중에 '만약 내가 반대편 차선으로 차를 몰면 어떻게 될까?'라는 생각이 들었다고 해 보자. 대부분 이런 생각이 떠오르더라도 지나가는 공상으로 여기고 넘어간다. 하지만 불안을 겪는 사람들은 사고-행동 융합을 경험할 가능성이 더 높다. 말하자면 그런 생각이 들었으므로 행동으로 옮길 수 있다고 믿는다. 이러한 믿음, 즉 특정 생각을 행동으로 옮길 것이라는 믿음이 엄청난 불안과 두려움을 유발한다.

사고-행동 융합을 겪는 사람들은 생각을 떨쳐 버리는 것이 어렵다. 그들은 특정 생각에 주의를 기울여야 하고, 그 생각을 행동으로 옮기지 않도록 뭔가를 해야 한다고 믿는다. 생각은 그저 생각일 뿐이다. 특정 생각에 반응하고 집착할수록 생각은 점점 더 강화되고 집요해져 더 큰 불안을 유발한다. 그 결과 사고-행동 융합은 더 많은 문제를 야기한다.

사고-행동 융합 외에 단순한 '융합fusion'의 개념도 있다. 여기서의 융합은, 우리가 하는 생각이 항상 무언가를 의미한다고 믿는 상태를 말한다. 그 생각에 전적으로 주의를 기울여야 하며, 무섭거나 두려운 생각의 경우는 특히 신경 써야 한다고 믿는다. 예를 들어 '나는 회사에서 무능하고 형편없는 존재야.'라는 생각이 들었다고 해 보자. 만약 당신이 융합 상태에 있다면 그 생각을 부인할 수 없는 진실이라고 믿어 버린다.

하지만 생각은 진실이 아니다. 생각이 진실이라면 복권에 당첨될 거라는 생각만으로도 당첨되어야 한다. 하지만 생각에는 그런 힘이 없다. 마찬가지로 누군가가 늦을 때 그 사람이 교통사고를 당했을까 봐 걱정한다고 해서 그 걱정이 교통사고를 일으키지는 않는다.

융합이나 사고-행동 융합을 관리하는 데 도움이 되는 것이 바로 '탈융합defusion'이라는 기법이다. 탈융합은 자신의 생각이나 정서와 의도적으로 거리를 두고, 자신과 분리해서 인식하는 행위를 말한다.

자신과 생각을 분리하는 방법 하나를 소개하면, 떠오른 생각에 '나는 ○○라고 생각하고 있다.'라는 문구를 붙이는 것이다. 예를 들어 딸이 늦은 시간까지 귀가하지 않는 이유가 교통사고를 당해서가 아닐까 생각하고 있다면, '나는 내 딸이 교통사고를 당했다고 생각하고 있다.'라고 분리해 인식한다. 여기에 다른 문구를 덧붙여 한 번 더 분리할 수 있다. '나는 내가 ○○라고 생각하고 있음을 알아차리고 있다.'라고 말하는 것이다.

탈융합 기법을 사용하면 생각의 내용에 얽매이지 않고 관찰자가 되어 생각이나 정서를 바라보는 데 도움이 된다. '나는 내가 직장에서 무능하고 형편없다고 생각하고 있음을 알아차리고 있다.'라고 말했을 때 어떻게 다른지 살펴보자. 이러한 표현을 사용하면 생각과 관계 맺는 방식이 달라진다. 그 생각을 믿을 필요도, 생각에 따라 행동할 필요도 없다. 그저 생각이 떠오르고 있음을 알아차리고 그것을 인지하면 된다.

탈융합 연습하기

불안을 일으키는 생각 하나를 떠올린다. 당신을 종종 속상하게 하는 생각을 고르자. 예를 들어 '회사 사람들 누구도 나를 좋아하지 않아.'라는 생각을 선택했다면 몇 초 동안 그 생각에 집중한다. 그리고 떠오르는 감정에 주목하자. 그런 다음 무슨 일이 일어나는지 기록한다. 십중팔구 편도체의 주의를 끌었을 것이다.

이제 다시 '나는 ○○라고 생각하고 있다.'라는 문구를 붙여보자. '나는 회사 사람들 누구도 나를 좋아하지 않는다고 생각하고 있다.'라고 자신에게 말한다. 느낌이 어떤가? 자신의 반응에 차이가 느껴지는지 관찰해 보자.

그런 다음에는 '나는 내가 ○○라고 생각하고 있음을 알아차리고 있다.'를 붙이자. '나는 회사 사람들 누구도 나를 좋아하지 않는다고 생각하고 있음을 알아차리고 있다.' 반응에 어떤 차이가 있는지 주목해 보자.

이런 표현을 사용함으로써 생각의 내용에서 약간 멀어졌음을 느낄 수 있을 것이다. 당신은 지금 생각의 내용에 융합되는 대신, 생각을 하나의 관찰 대상으로 바꾸는 중이다. 대뇌피질에 이러한 변화를 주면, 다시 말해 대뇌피질에서 일어나는 일을 통제할 수 있다면 편도체의 반응을 더 잘 조절할 수 있다.

러스 해리스 박사는 《행복 전환 연습》에서 탈융합에 대해 이렇게 설명했다(2008, 41). "생각은 사실일 수도 있고 아닐 수도 있다. 나는 생각을 무조건 믿지 않는다. 생각은 중요할 수도 있고 중요하지 않을 수도 있다. 나는 생각이 도움이 될 때만 주의를 기울인다." 그는 생각에 복종하거나 생각의 충고를 따를 필요가 없으며 생각 자체는 위협적이지 않다고 덧붙였다.

탈융합 기법을 시도해 보고 생각에 대한 믿음이 완화되거나 덜 위협적으로 느껴지는지 확인해 보자!

34

일상 속에서 감사를 실천한다

감사한 일을 찾아 그 마음을 표현하는
행위 자체에 불안을 이겨내는 힘이 있다.

감사의 사전적 의미는 '고맙게 여기는 것, 고마워하는 마음'이다. 무언가에 감사하는 것은 기분뿐만 아니라 세상을 보는 관점을 변화시키는 데도 도움이 된다.

    감사를 실천한다는 것은 자신이 겪는 고통과 괴로움을 부인하는 게 아니다. 아름다움과 기쁨, 애정의 순간을 느끼는 데 더 자주 더 많이 집중함을 의미한다. 뇌를 본래의 기질대로 방황하게 두지 말고 생각이 진행되는 회로를 통제하라는 것이다. 인간의 뇌는 잠재적인 위험에 주의를 기울이도록 프로그래밍되어 있지만 의식적인 노력을 통해 이러한 본능에 저항할 수 있다.

편도체는 위협이나 잠재적인 위험에 반응해 주의를 기울이도록 대뇌피질에 영향을 미칠 수 있다. 예를 들어 연인과 싸우고 난 후 운전할 때건 일할 때건 시도 때도 없이 그 생각이 떠오른다고 해 보자. 편도체는 이를 위협으로 인식하고 대뇌피질을 장악해 싸움에 주의를 더욱 집중시킨다.

그러면 대뇌피질은 싸움을 더 깊이 파고들어 가 그것이 무엇을 의미하는지 상세히 분석하기 시작한다. 그 과정에서 대뇌피질에 부정적인 생각이 증가한다. 부정적인 생각이 증가하면 편도체가 더욱 활성화되어 불안이 커진다. 당신은 이 불안을 싸움이 더 큰 의미를 가진다는 신호로 해석하고 이별을 생각하기 시작한다. 걱정 회로가 활성화되어 모든 가정적 상황, 재앙적 가능성을 상상하기 시작하고 불안이 점점 고조된다!

대뇌피질이 편도체에 장악되어 특정 위험에 주의를 기울이면 그것이 다시 편도체를 더욱 활성화해 불안의 악순환을 일으키는 것에 관해 이야기한 바 있다. 이 악순환을 피하는 방법이 지금 여기, 현재에 집중하는 것이며 그 방법 중 하나로 마음챙김을 살펴보았다. 마음챙김에 이어 감사하는 마음을 갖는 것 또한 해결 방법이 될 수 있다.

'근본적인 감사 radical gratitude'는 최악의 불안이나 고통의 순간에도 감사하는 마음을 가지도록 자신을 훈련하는 것이다. 근본적인 감사를 실천하면 더 많은 행복을 느낄 수 있다. 다만 근본적인 감사의 목표는 행복이 아니다. 우리 삶에 아름다움과 의미, 그리고 친절함이 존재한다는 사실을 깨닫는 데 있다. 삶 속에서 발견할 수 있는 긍정적인 면에 집중하고 감사를 실천할 때 우리 뇌는 도파민(버튼 2020), 세로토닌(푸-링크 등 2007), 옥시토신(버튼 2020)처럼 기분을 나아지게 만드는 화학물질을 분비한다. 긍정적인 생각과 감사한 것들에 주의를 기울이면 편도체의 반응성을 줄일 수 있다는 뜻이다. 어떤 생각에 주의를 기울이느냐에 따라 해당 사고 패턴이 강화되고, 그 결과 뇌의 신경 회로가 재구성된다. 감사를 실천하면 불안이 줄고 희망이 증가하며 삶의 만족도가 높아지고 기분이 좋아지는 것으로 나타났다(피터 매컬로 등 2002).

감사를 실천하는 방법

매일 아침 감사한 일 세 가지를 떠올려보자. 어제 있었던 일도 좋고 앞으로 기대되는 일도 좋다. 그저 '아내에게 고맙다.'라고 생각하기보다 '퇴근하고 집에 돌아왔을 때 아내가 늘 반갑게 맞아 주고 사랑하는 마음과 반가운 마음을 표현해 줘서 고맙다.'처럼 무엇이 감사한지 구체적으로 생각해 보자.

하루를 마무리할 때는 'GLAD'를 이용해 보자(올트먼 2014). GLAD는 감사한 것 Grateful, 배운 것 Learned, 성취한 것 Accomplished,

기뻤던 것Delighted을 뜻하는 약어다. 한 가지씩 떠올려보자.

감사 노트를 준비하고 매일 아침 시간을 내어 앞에 소개한 두 가지 활동 가운데 떠오르는 것을 노트에 적어보자.

휴대폰에 알람을 여러 개 설정해 놓고 알람이 울릴 때마다 그 순간, 그 장소에서 감사한 것들을 떠올려보자.

힘들고 어려울 때도 감사의 마음을 표현해 보자. 고마운 사람들 혹은 일을 잘 마무리해 준 사람들에게 고마움을 전하자.

소개한 방법 가운데 한두 가지를 선택해 감사를 실천해 보자. 일상에서 감사를 행하는 것만으로도 불안을 점차 완화하는 데 도움이 된다. 감사하는 마음은 편도체를 활성화하는 잠재적 위협에 뇌가 과민하게 반응하지 않도록 돕는다. 다른 사람과 함께하는 것도 좋다. 서로에게 매일 감사한 일을 나누기로 약속하자. 문자나 전화로 GLAD를 주고받는 것도 좋다. 이러한 활동이 일상 속에서 감사 습관을 갖도록 도와줄 것이다.

삶에서 긍정적인 측면과 감사한 일들을 찾아 그 마음을 표현하는 행위 자체가 불안을 막는 데 매우 효과적이다. 삶의 긍정적인 면을 보려고 마음을 기울일 때 기분이 얼마나 빠르게 전환되는지 안다면 깜짝 놀랄 것이다.

35

대뇌피질을
법정에 세운다

부정적인 생각을 무턱대고 믿기 전에
그 생각이 정당한지 아닌지 심판하라.

이제 편도체가 파국적인 생각에 강하게 반응한다는 것을 알았으니, 단순히 생각에 반응해 느끼는 불안이 정당하다고 무턱대고 믿지 말자. 편도체에 속지 말자! 불안은 나쁜 일이 일어날 것만 같은 기분이 들게 하지만, 사실은 편도체가 우리 생각에 반응하면서 생기는 현상일 뿐이다.

불안이라는 감정은 부정적인 사건이 발생할 가능성이 매우 높다고 믿게 만들지만, 편도체는 미래를 정확히 예측할 수 없다. 불안은 단지 잠재적인 위험에 대비할 수 있도록 몸과 마음을 준비시키는 것이며, 그 위험은 대부분 실제로 일어나지 않는다. 불안은 생각을 왜곡시켜 좀 더 설득력 있고 그럴싸하게 포장한다. 자신이 미래를 예견할 수 있다고 착각하게 만들고 그로 인해 더 큰 불안을 야기한다.

자신이 어떤 생각 때문에 불안을 느끼는지 파악한 다음, 그 생각을 평가하고 수정해 보자. 상황을 객관적으로 바라보자. 생각을 바꾼다는 것은 대뇌피질을 재구성하는 것이며, 이처럼 생각을 평가하고 수정하는 과정이 바로 인지 재구성cognitive restructuring이다.

첫 단계는 어떤 상황이 불안을 유발하는지 파악하는 것이다. 예를 들어 당신은 배우자가 제시간에 귀가하지 않는 상황에 불안을 느낄 수 있다. 그 상황에 대해 어떤 생각을 하는지 파악하자. 아마도 교통사고나 뭔가 안 좋은 일이 일어나서 배우자가 귀가하지 못하는 것이라고 생각할 수 있다. 그다음으로 어떤 인지 왜곡을 하고 있는지 파악한다. 이 경우 당신은 재앙적인 사고를 하고 있을지 모른다. 다시 말해 배우자에게 아주 끔찍한 일이 일어났다고 믿는 것이다.

여기서 잠깐! 나쁜 일이 일어났을 거라는 생각이 편도체를 활성화해 불안을 유발하고 있음을 인지해야 한다. 배우자가 늦는 상황 자체는 불안을 유발하지 않는다. 불안을 유발하는 것은 교통사고에 대한 당신의 상상이다.

사람들은 종종 비관주의, 재앙적인 사고, 마음 읽기(상대방의 생각을 안다고 여기는) 때문에 비합리적인 결론에 도달한다. 그런 비합리적인 생각에 편도체가 반응해 불안을 생성하는 것이다. 생각을 믿기 전에 그것이 정확한지 아닌지 판단해야 하지 않을까? 이것이 법정에서 다뤄진다고 상상해 보자. 생각을 변호하기 위해 당신은 어떤 증거를 제출할 것인가? 생각이 정확하다는 증거는 무엇인가? 교통사고가 일어났을 거라는 당신의 생각을 뒷받침할 명백한 증거는 없다. 무슨 일이 일어났다는 연락이 온 것도 아니다.

자, 이제 생각을 반박할 증거를 찾아보자. 당신의 배우자는 전에도 단순한 이유로 늦은 적이 있다. 상사가 갑작스레 회의에 호출했다거나 상점에 들렀거나 퇴근길에 친구를 만났을 수도 있다. 앞선 생각에 대한 찬반 증거를 모두 고려했을 때 당신의 생각이 사실임을 입증하는 명확한 증거가 있는가? 그저 불안감이 배우자가 위험에 처했다고 착각하게 만든 것은 아닌가? 아무런 증거가 없는데도 단순히 생각이 만들어낸 감정적 반응을 그대로 믿을 것인가? 현실적이고 신뢰할 만한 것에 초점을 맞추자. 부정적인 생각 대신 일 때문에 늦는 것이라고 대안적 생각을 해 보자.

생각을 바꾼다고 불안이 모두 사라지지는 않겠지만, 불안의 크기는 줄어든다. 증거를 찾는 과정 중에도 여전히 불안하겠지만 실제로 아무런 문제가 발생하지 않았던 수많은 경우를 떠올려보자. 그리고 이렇게 말해 보는 거다. '나는 여러 차례 불안을 느꼈고 그때마다 대체로 내 생각이 틀렸어. 그래서 내 생각이 정확하다는 증거가 있을 때까지는 스스로 불안하게 만들지 않을 거야.'

법정에서도 유죄를 입증할 증거가 나올 때까지는 무죄 추정의 원칙을 따르듯이 근거가 있기 전까지는 위험하다고 생각하지 말자. 경우의 수가 얼마나 많은데 하필이면 왜 자신을 가장 힘들게 하는 것을 믿으려 하는가?

모든 상황이 항상 당신의 통제 아래 있을 수는 없지만, 인지 재구성을 통해 생각을 조정하면 타당한 증거가 나타날 때까지 괴로움을 경험하지 않을 수 있다.

인지 재구성 : 편도체를 자극하는 생각에 대응하기

다음을 기록해 보자.

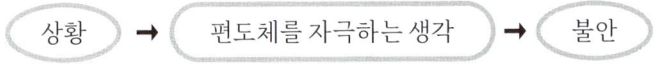

- 먼저 불안을 경험했던 상황 하나를 선택해 적어본다.
- 화살표를 그려 넣고 그때 편도체를 자극한 생각을 적는다.
- 다시 화살표를 그려 넣고 '불안'이라고 적는다. 불안은 그 생각의 도착점이다.
- 자신이 적은 생각에 대한 근거와 반박 근거를 고려해 보자.
- 생각을 대체할 수 있는 여러 대안적 생각을 고려한다.

- 더 많은 근거를 가진 새로운 생각으로 대체한다.
- 편도체를 자극했던 생각을 재구성한 후 불안이 줄어드는지 확인한다.

생각은 무의식적으로 빈번하게 발생하며 그것을 바꾸거나 수정하는 게 쉽지 않다고 여겨질 것이다. 사실이 그러하다. 하지만 인지 재구성 기법을 매일 연습하다 보면 실제 부정적인 생각이 발생하는 순간 그 생각을 효과적으로 재구성할 수 있다. 불안에 휘둘리는 대신, 불안한 뇌 회로를 재구성하고 불안을 통제하는 힘을 키울 수 있다.

36

걱정 회로를
바르게 사용한다

걱정만 할 뿐 아무 계획도 세우지 않는다면,
그 걱정은 불안을 키우는 불쏘시개에 불과하다.

걱정은 인간이 지닌 고유한 능력이다. 다른 동물들은 걱정을 하지 않는다. 미래에 일어날 수 있는 부정적인 일을 적극적으로 숙고하지 않는다는 뜻이다. 한편, 걱정이 늘 미래를 정확하고 신뢰할 수 있게 예측하는 것은 아니다. 우리는 결코 일어나지 않을 일을 걱정하기도 하고 때로는 전혀 예상치 못한 부정적인 사건을 경험하기도 한다.

걱정은 분명 유용한 측면이 있다. 그렇지 않았다면 뇌의 사고 과정에서 걱정이 발달하지도 않았을 테고 이렇게 흔히 발생하지도 않았을 것이다. 걱정을 생성하는 신경 회로는 이마와 눈 뒤쪽에 있는 대뇌피질의 전두엽에 발달해 있다. 잠재하는 부정적인 사건을 예측하는 능력은 유용하다. 우리 선조들이 걱정에 반응해 부정적인 사건을 피하고, 예방하고, 대처하기 위한 계획을 세웠다면 생존에 큰 도움이 되었을 것이다.

선사 시대에 어느 여성이 열매를 따다가 한 무리의 늑대를 보았다고 상상해 보자. 거처로 돌아온 그녀는 자신이 없을 때 늑대 무리가 나타나 아기를 해칠지 모른다는 생각이 들었고, 아직 일어나지 않은 끔찍한 일을 걱정하기 시작했다. 그런 일을 막기 위해 무언가 계획을 세웠다면 그녀의 걱정은 유용하다. 다행히 인간의 전두엽에는 계획을 수립하는 신경 회로가 있어서 우리 선조들은 단계별로 계획을 세울 수 있었다. 사냥을 하고, 구조물을 세우고, 작물을 심는 방법을 개발한 것을 봐도 알 수 있다.

걱정하는 자신의 성향을 되짚어보면서 그것이 도움이 되는 방식으로 작동하고 있는지 살펴보자. 걱정은 잠재적인 문제를 깨닫게 해 주고 문제 해결이나 대비를 위한 계획을 세우게 할 때 가장 유용하다(윌슨 2016). 만약 걱정만 하고 아무런 계획을 세우지 않는다면 그것은 선사 시대 여성이 늑대가 위험하다고 계속 걱정만 할 뿐 아기의 안전을 도모할 계획은 세우지 않는 것과 같다. 걱정 그 자체로는 아무런 도움이 되지 않는다는 뜻이다. 오히려 편도체가 그에 반응해 불안을 유발할 뿐이다.

걱정에 휩싸일 때, 단순히 불안감만 겪을 뿐 아무런 이익도 얻지 못하는 상황은 피해야 한다. 그리고 걱정을 통해 이익을 얻으려면 계획을 세워야 한다. 선사 시대 여성이 거처를 점검하는 등 늑대로부터 아기를 안전하게 보호하기 위해 노력했다면 걱정으로 이익을 얻었을 것이다. 걱정이 잠재적인 위험을 알려주었다면 계획을 세우는 단계로 넘어가야 한다.

걱정의 유용성 평가하기

걱정의 유용성은 간단한 단계를 거쳐 확인할 수 있다.

걱정 발생 → 계획 세우기 →

다음과 같은 함정에 빠지는 경향이 있는지 점검해 보자.

- **걱정에 갇혀 버린다** : 걱정할 때, 다시 말해 특정 상황에서 발생할 수 있는 부정적인 사건들을 생각할 때 해결책은 마련하지 않고 잘못될 수 있는 여러 가능성을 떠올리며 부정적 시나리오를 반복해서 쓰는 편인가? 계획은 세우지 않고 끊임없이 걱정만 하는 편인가? 이러한 태도는 아무 소득 없이 불안만 가져올 뿐이다. 계획을 세우고 움직이자.
- **계획을 세우지만, 다시 걱정으로 돌아간다** : 걱정하는 상황이 발

생하지 않도록 예방하거나 대처를 위한 계획이 필요함을 깨닫고 계획을 세우지만, 또다시 걱정을 반복하는 편인가? 그렇다면 당신은 불필요한 걱정으로 편도체를 활성화하고 있는 것이다. 걱정으로 다시 돌아가지 말고 다음 단계로 넘어가자.

- **여러 가지 계획을 세워 놓고 그 계획에서 결함을 찾는다** : 걱정이 들 때 계획을 세우지만 그 계획마다 걱정하는 편인가? 만약 그렇다면 결함을 발견하고 더 나은 계획을 세우더라도 또다시 걱정에 빠지게 된다. 계획이 완벽할 필요는 없다. 걱정한 일이 일어나지 않으면 계획을 실행할 일도 없다. 그러니 하나의 계획을 세웠으면 그에 맞춰 움직이자.

계획을 세우면 걱정에서 벗어나 앞으로 나아가는 데 도움이 된다. 그리고 계획을 세웠더라도 필요하지 않으면 실행하지 않아도 된다. 예를 들어 그렉은 자신이 건넨 농담 때문에 소피가 화가 났을까 봐 걱정하며 스트레스를 받았다. 이때 문제 해결을 위한 계획을 세워 걱정을 멈출 수 있다. 그렉은 소피에게 정중히 사과하기로 계획을 세우고 걱정을 멈췄다. 소피를 만났을 때 그녀가 화난 것 같지 않으면 그렉은 사과를 하지 않아도 된다. 만약을 대비해 계획을 세우지만, 그 계획이 필요 없을 수도 있다는 이야기다.

그렉이 어떻게 걱정을 멈추게 되었는지 살펴보자. 계획을 세우면 걱정에서 벗어날 수 있다.

37

집중의 한계를 이용한다

뇌에게 허락된 집중의 공간에
걱정이 아닌 다른 것을 가져다 놓자.

뇌는 동시에 수많은 일을 처리한다. 심장 박동을 유지하고, 주변을 볼 수 있게 하며, 배고프다는 신호를 보내거나 끄는 등 다양한 기능을 수행한다. 그러나 주의 집중만큼은 한 번에 하나의 대상에만 할 수 있다. 집중에 멀티태스킹 같은 것은 이뤄지지 않는다는 이야기다. 하나의 일에서 다른 일로 집중을 아주 빠르게 전환할 수는 있으나, 주어진 순간 둘 이상의 대상에 집중할 수는 없다. 이는 뇌에게 불가능한 일이다.

이 같은 뇌의 한계는 대뇌피질의 사고 과정에서 불안이 비롯되는 사람들에게는 소중한 선물이다. 걱정이나 집착, 타인의 생각을 읽으려는 시도, 그 외 대뇌피질 기반의 사고 과정으로 편도체가 활성화될 때는 주의를 다른 곳으로 돌리는 것만으로도 불안을 완화할 수 있다.

집중의 한계를 손바닥에 비유해서 상상해 보자. 손바닥이 위를 향하도록 편 다음 그 위에 얼마나 많은 것을 올려놓을 수 있을지 생각해 보라. 컵 하나 혹은 휴대폰 하나 정도는 올릴 수 있겠지만, 한 번에 많은 것을 올려놓을 순 없다. 손바닥의 면적은 매우 좁다. 이 작은 공간이 우리 뇌가 집중할 수 있는 하나의 대상을 상징한다고 생각해 보자. 여기에 무엇을 담을지 스스로 결정해 마음을 다스릴 수 있다.

집착, 걱정을 멈추고 다른 사람이 무얼 생각하는지 연연하고 싶지 않다면 단순히 집중의 대상을 바꾸기만 해도 가능하다. 주의가 머무는 그 작은 공간에 걱정이 아닌 다른 것을 가져다 놓는 순간, 이미 당신은 전투에서 승리를 거둔 셈이다.

주의를 전환하는 방법은 다양하다. 자신에게 가장 잘 맞는 방법을 선택하자. 다음은 주의를 돌릴 수 있는 몇 가지 방법들이다. 무엇을 하든 편도체를 활성화하는 생각보다 나을 것이다.

주의를 전환하는 방법

- **그게 무엇이든, 마음챙김 명상을 하듯이 집중한다.** 스파게티를 먹는 중이라면 음식의 냄새, 맛, 질감에 집중하고 설거지를 하는 중이라면 남은 음식 찌꺼기, 그릇을 닦는 동작, 따듯한 물과 접시의 촉감에 집중하자. 음악을 듣는 중이라면 음악에 집중하고 노래를 따라 불러보자.

- **해야 할 일이나 기대하는 일에 대한 계획을 세운다.** 쇼핑 리스트 작성하기 같은 단순하고 일상적인 일이어도 좋고, 해외 여행지 검색처럼 복잡한 일이어도 좋다. 봄에 화단에 무엇을 심을지 계획해도 좋고, 식사나 디저트로 무엇을 준비하고 싶은지, 언제 누구를 초대하고 싶은지 생각해도 좋다. 사고 싶은 가전제품이나 자동차의 사용 후기를 찾아볼 수도 있고, 다음에 조카를 만나면 어떻게 놀아줄까 생각해 볼 수도 있다. 곧 담당하게 될 프로젝트를 어떻게 진행하면 좋을지 미리 계획해 보는 것도 좋다.

- **용건이 있거나 연락하고 싶은 사람에게 전화나 문자를 해 보자.** 아니면 그동안 미뤄 왔던 전화를 걸어 약속을 잡거나 필요한 정보를 얻자. 지금 당장 끝내면 좋을 일이 무엇일지 생각해 보자. 고양이 배설물을 치우거나 개를 산책시키면 어떨까?

- **생각에서 좀처럼 벗어나지 못할 때는 누군가가 당신에게 말을 걸게끔 만드는 것도 무척 효과적이다.** 알다시피 누군가가 말을 걸 때 다른 것에 집중하기란 여간 어려운 일이 아니다. 텔레비전이나 라디오를 켜거나, 팟캐스트를 듣거나, 친구에게 전화를 걸어보자. 단, 무엇에 집중하든 그것이 불안을 유발하지 않는지 확인한다. 친구에게 전화를 걸어 걱정거리를 이야기하지는 말자. 그보다 당신이 기대하는 활동에 대한 계획을 이야기하자.

스스로 주의를 통제할 수 있다면, 다시 말해 불안을 높이는 특정 생각 대신 생산적이고 즐거운 생각으로 주의를 돌릴 수 있다면 승리는 당신의 것이다.

38

불안 채널에서 벗어나자

특정 생각을 많이 할수록 해당 신경 회로가 강화되고 우리의 사고를 지배한다.

대뇌피질이 편도체가 시청하는 텔레비전이라고 가정하면, 불안은 편도체가 가장 좋아하는 채널 중 하나다. 편도체는 생존에 중요한 측면에 집중하도록 설계되었기에 주변 환경, 인간관계, 미래에 발생할 수 있는 잠재적인 위험을 끊임없이 경계한다.

편도체는 대뇌피질의 집중력에 영향을 미쳐 위험의 징후를 감지하도록 유도한다. 대뇌피질은 잠재적인 위험뿐 아니라 위험을 암시하는 모든 것을 예상하고 주시하도록 훈련될 수 있다. 그리고 대뇌피질이 경계 상태에 있고 잠재적인 위험 신호에 습관적으로 집중할 때 보여지는 채널이 바로 불안이다.

대뇌피질의 습관은 반복을 통해서 형성된다. 어떤 상황을 자주 생각할수록 그와 관련된 기억과 아이디어를 저장하는 신경 회로가 활성화되어 해당 생각이 더 자주 떠오르는 법이다. 슈워츠와 베글리(2003)는 대뇌피질에서 일어나는 이러한 과정을 가리켜 '가장 분주한 것이 살아남는다Survival of the Busiest.'라고 말했다. 같은 경로를 반복해서 다니다 보면 길이 닦이듯이, 특정 생각에 집중할수록 해당 신경 회로가 더 많이 활성화되고 강화된다. 그 결과 특정 생각이 매우 강해져 우리의 사고를 지배한다.

그뿐만이 아니다. 특정 생각이 머릿속에 계속 떠오르다 보니 우리는 그 생각이 중요하다고, 그렇지 않고서야 생각날 리가 없다고 여기게 된다. 결국 우리는 친구가 왜 얼굴을 찡그리는지 고민하고, 금전적인 문제를 미리 걱정하고, 집 안 어딘가에 쥐가 있다고 생각하며 불안 채널에 갇혀 버린다.

우리는 그럴만한 이유가 없는데도 잠재적 위험을 끊임없이 걱정하고 불안 채널에 자주 갇히곤 한다. 특히 똑똑하고 상상력이 유독 풍부한 사람들이 불안 채널에 더 깊이 빠지곤 하는데 이들은 논리적이고 창의적인 사고를 통해 불안 채널을 보다 설득력 있고 흥미로우며 매력적으로 만들기 때문이다.

24시간 어디에서나 미디어에 접근할 수 있는 요즘의 환경은 부정적이고 잠재적인 위험에 집중하는 경향을 부추긴다. 이런 환경이 잠재적인 어려움을 과대평가하고, 결코 일어나지 않을 위험을 상상하게 만들며, 더 나아가 편도체를 활성화해 불필요한 불안을 유발한다.

불안 채널에서 벗어나 다른 채널에 집중하기

불안 채널에 자주 빠져드는 것을 스스로 의식했다면 적극적인 방법을 마련해야 한다. 집중할 수 있는 새로운 주제와 활동을 생각해 보자. **영리하고 창의적인 당신의 대뇌피질이 불안한 생각이 아닌 다른 무엇에 집중할 수 있을까?** 오락거리도 좋고 일과 관련된 것도 좋다. 특정 활동을 계획해도 좋고 행복했던 일들을 떠올려도 좋다. 당신의 삶의 질이 여기에 달려 있다.

불안 채널을 딴 데로 돌리는 것이 내키지 않을 수도 있다. 당신은 잠재적인 위험에 계속 집중하는 것이 생산적이며 심지어 위험으로부터 자신을 보호한다고 믿고 있을지 모른다. 하지만 걱정과 잠재적인 문제에 사로잡혀 있으면 필요 이상의 불안과 스트레스에 시달리며 살 수밖에 없다. **관심을 다른 쪽으로 돌리기만 해도 당신이 경험하는 스트레스의 양을 한결 줄일 수 있다.**

즐겁게 할 수 있는 것, 일명 '놀이 채널'에 집중하는 시간을 늘리자. 재미있는 활동을 계획하고, 휴대폰으로 게임을 즐기고, 유쾌하고 흥미로운 것들을 읽어보자. 재미있는 활동은 대뇌피질을 활성화하되, 편도체의 방어 반응은 일으키지 않는다. 몸이 편안해지고 미소를 짓거나 웃을 일도 많아진다.

먼저 놀이 채널에서 할 수 있는 활동들을 적어보자. 미리 목록을 작성해 두면 주의를 딴 데로 돌리고 싶거나, 다양한 방법으로 놀이를 잘 활용하고 있는지 확인하는 데 도움이 된다.

그리고 **적어도 하루에 한 번은 감사 채널에 집중하자.** 고마운 사람들을 떠올리고 그들이 소중한 이유를 생각해 보자. 아름다움, 기쁨, 경이로움을 경험한 순간을 떠올리고 잠시간 그 경험에 집중하자. 해가 질 녘 바닷가를 발갛게 물들인 노을, 이웃이 건넨 갓 딴 토마토, 아이들의 엉거주춤한 구르기를 떠올려보자.

업무나 집안일에 집중하는 것도 편도체를 진정시키는 데 도움 되는 채널이다. 구체적인 작업에 집중해 무언가를 성취하며 시간을 보내는 것이 불안 채널에 집중하는 것보다 더 생산적일 뿐만 아니라 스트레스도 덜하다. 정신없이 바쁠 때 불안감이 사라졌음을 느낀 적이 있을 것이다. 불안 채널에 눈 돌릴 시간이 없었기 때문이다.

불안 채널에서 벗어나고 싶을 때, 다른 채널이 얼마나 많은지 기억하자. 당신의 뇌에는 무수히 많은 채널이 있다! 100부터 7씩 빼면서 거꾸로 세기, 다양한 감각에 집중하며 마음챙김 훈련하기,

방안을 둘러보며 파란색 물건 세기, 친구에게 전화 걸기 등 놀이 목록을 작성해 두면 불안 채널을 벗어나는 데 유용할 것이다.

39

걱정을
문제 해결로 대체한다

해결에 집중함으로써
부정적인 생각에서 벗어나 불안을 줄인다.

걱정에 걱정을 거듭했던 모든 순간을 생각해 보자. 직장을 잃으면 어떡하지, 어떻게 살아남지, 생계를 책임지지 못하면 어떡하지, 다른 직장을 구하지 못하면 어떡하지……. 대뇌피질은 무수히 많은 '어떡하지'를 불러올 수 있다.

걱정은 불안한 상태를 지속시키고 악화시키는 행동이다. 걱정할 때 우리는 최악의 상황과 갈등, 온갖 다양한 문제를 떠올린다. 걱정 자체는 잘못될 수 있는 일에 대비하거나 문제 해결에 도움이 되지 않으므로 생산적이지 않다. 아직 일어나지 않은 온갖 부정적인 가능성에 집중하게 할 뿐이다. 그 생각과 이미지가 편도체를 활성화하므로 최악의 시나리오에 집착할수록 불안은 더욱 증폭된다. 문제를 걱정하기보다는 해결에 집중해야 잠재적 상황에 대처할 계획을 세우고 불안을 완화할 수 있다.

문제 해결을 시도하기에 앞서 자문할 것이 있다. 실질적으로 해결해야 할 문제가 맞는가? 통제할 수 있는 문제인가? 해결할 수 없는 걱정이거나 일어날 가능성이 매우 낮은 걱정을 하는 것은 아닌가? 이를 확인해야 한다. 걱정하는 일이 당신의 통제 밖에 있다면 당신이 움직인다고 해결할 수 있는 문제가 아니다. 예를 들어 선거 결과나 이웃집의 이사 같은 문제는 당신의 통제 밖에 있다. 당신이 통제할 수 없는 상황이라면 문제를 해결하고 바꾸려 하기보다 그 상황에 어떻게 반응할지에 초점을 맞춰야 한다.

반면에 현재 상황에서 해결할 수 있는 사안이라면 문제 해결 능력이 도움이 될 것이다. 당신이 해결할 수 있는 걱정들을 살펴보자. '월세 납부일이 다가오는데 돈이 부족하다', '집안일이 산더미같아서 어찌할 바를 모르겠어', '숙제할 시간인데 아이가 말을 잘 듣지 않는다'…….

당신이 해결할 수 없거나 일어날 가능성이 낮은 걱정들은 다음과 같다. '나중에 암에 걸리면 어떡하지', '배우자가 자동차 사고를 당하면 어떡하지', '태풍이 우리 집을 강타하면 어떡하지'……. 통제할 수 없거나 발생 가능성이 매우 낮은 걱정들이 어떤 것인지 알겠는가?

문제 해결은 다음과 같은 단계로 진행할 수 있다.

- ✓ 1단계 : 해결해야 할 문제를 파악한다.
- ✓ 2단계 : 생각할 수 있는 가능한 모든 해결책을 나열한다.
- ✓ 3단계 : 각 해결책의 장단점을 알아본다.
- ✓ 4단계 : 실행 가능한 최선의 해결책을 선택한다.
- ✓ 5단계 : 지금 해결해야 한다면 해결책을 실행하고, 그렇지 않다면 필요할 때를 대비해 계획을 세운다.

문제 해결을 시도한 후에는 한 발짝 물러서서 해결책이 얼마나 도움이 되었는지 평가하자. 해결책이 도움이 되었다면 정말 다행스러운 일이다. 만약 도움이 되지 않았다면 다시 첫 번째 단계로 돌아가 다른 해결책을 찾아 실행에 옮기면 된다.

문제 해결의 예

월세를 내야 하는데 돈이 부족한 상황을 가정하고 문제 해결 과정을 따라가 보자. 머릿속에 떠오르는 온갖 부정적인 예측과 걱정을 멈추고 다음 단계에 집중해 문제를 해결하자.

STEP 1 해결해야 할 문제 파악하기

▶ 며칠 안에 월세를 지불해야 한다.

STEP 2 가능한 해결책 나열하기

▶ 아르바이트 구하기, 가족에게 빌리기, 집주인에게 지불 기한을 연장해 달라고 부탁하기, 중고 거래 사이트에 물건 팔기, 월급 선지급 요청하기, 친구나 가족과 같이 살기, 도움을 받을 수 있는 재정 상담 기관 찾아보기 등.

STEP 3 각 해결책의 장단점 알아보기

▶ 예를 들어 아르바이트 구하기의 장점은 돈을 벌 수 있다는 것이고 단점은 여유 시간이 없고 돈이 바로 들어오지 않기 때문에 문제를 즉시 해결할 수 없다는 것이다. 월세 지불이 중대한 문제라고 생각하고 각 해결책의 장단점을 검토해 보자.

STEP 4 장단점 평가를 바탕으로 최선의 해결책 정하기

▶ 예를 들어 가족은 저축해 놓은 돈이 있으므로 돈을 천천히 갚아도 된다는 장점이 있다. 때문에 가족에게 월세를 빌리기로 결정한다.

STEP 5 선택한 해결책 실행하기

▶ 가족에게 돈을 빌려 이번 달 월세를 지불한다.

예시를 참고해 실제 문제에 적용해 보자. 자신이 걱정하는 문제를 하나 선택한 다음 단계별로 어떻게 할지 구체적으로 적어보자.

문제 해결 단계를 잘 기억해 두고 '○○하게 되면 어떡하지?'라는 생각에 빠지게 될 때 마냥 걱정만 하지 말고 해결을 시도해 보자. 그 과정에서 스트레스를 유발하는 걱정에 집중하는 시간이 줄어들고 그에 따라 불안감도 감소할 것이다. 계획을 세우고, 필요하다면 실행에 옮겨 문제를 해결하자. 이 같은 방법을 시도한 후에 어떤 기분이 드는지도 생각해 보자.

40
근본적 수용을
연습해 보자

피하거나, 저항하거나 혹은 상황이 달라지기를
바라는 대신 있는 그대로 인정하려고 노력한다.

불안이 엄습하면 대부분은 어떻게든 불안을 피할 방법을 찾으려 애쓰기 마련이다. 하지만 안타깝게도 '벗어나려 할수록 수렁에 빠진다.'라는 말은 불안에도 적용된다. 무언가를 너무 강하게 거부하면 오히려 그것이 심화될 수 있다.

불안을 그네에 비유해 보자. 그네를 멀리 보내려고 세게 밀면 어떻게 되는가? 그네는 다시 돌아온다. 밀면 밀수록 되돌아올 것이다. 그네를 밀지 않으면 어떻게 될까? 천천히 움직이다가 결국엔 멈춘다. 불안도 마찬가지다. 그냥 내버려두면 멈출 것이다. 두려움과 불안을 관리하는 효과적인 전략 중 하나가 피하지 않고 받아들이는 것이라고 말하는 이유다.

'근본적 수용radical acceptance'은 저항을 줄임으로써 궁극적으로 불안을 완화하는 데 도움이 되는 기법이다. 근본적 수용은 변증법적 행동치료(리네한 2014)에서 비롯된 개념으로 불안을 거부하기보다 받아들이는 데 초점을 둔다. 일단 불안을 받아들이면 불안은 오히려 낮아질 가능성이 높다. 근본적 수용은 '있는 그대로 받아들이는 것'을 의미한다. 현실을 있는 그대로 받아들이고, 싸우거나 저항하지 않는 태도를 뜻한다.

예를 들어 호흡 곤란이나 심박수 증가 같은 공황 증상이 있지만 의료진이 의학적으로 문제가 없다고 진단했다면 그러한 증상이 있다는 사실을 받아들이고, 그것을 없애려 하거나 맞서려 하거나 설명하려고 하지 않는 것이 근본적 수용이다. 그러한 일은 누구에게나 때때로 일어나며 삶의 한 과정으로 계속된다.

근본적 수용은 상황을 피하거나 저항하거나 혹은 상황이 달라지기를 바라는 대신 있는 그대로 인정하려고 의식적으로 노력하는 것이다. 근본적 수용은 많은 이들에게 낯설게 느껴질 것이다. 우리는 보통 자신이 원하는 방향으로 상황을 통제하고 바꾸려고 하기 때문이다.

근본적 수용을 불안에 적용하기는 특히 어렵다. 불안은 본래 불쾌감을 주도록 설계되었기 때문이다. 본능적으로 불편하게 느껴지고 가능한 한 피하고 싶은 게 당연하다. 그런데 이것을 받아들이라니 납득하기 어려울 수 있다. 하지만 불안을 받아들이는 법을 터득하고 나면 커다란 해방감을 느낄 수 있다.

불안을 수용한다는 것은 불안을 통제하거나, 판단하거나, 저항하지 않고 있는 그대로 경험하는 것이다. 더 명확히 말하자면 불안을 원하거나, 좋아하거나, 찬성하거나, 초대하는 것이 아니라 불안한 상황을 그저 있는 그대로 받아들임을 뜻한다. 다음 활동은 불안에 대한 이 같은 접근 방식을 연습하는 데 도움이 될 수 있다.

불안에 대한 근본적 수용 연습하기

불안이 몰려와 아무것도 할 수 없었던 순간을 떠올려보자. 그때 불안과 좌절감의 일부는 저항하고 통제하려는 데서 비롯되지는 않았는지 생각해 보자. 이 관점에 따르면 감정에 저항할수록 더 큰 고통이 초래되고, 괴로움이 더 오래 지속된다. 그때 왜 그런 상황이 일어났는지 이해할 수 있겠는가?

불안에 휩싸일 때 다음 단계에 따라 근본적 수용을 연습해 보자.

1. 불안 유발 상황에 직면했을 때 그 순간 발생한 감정과 감각을 받아들이느냐 아니면 맞서 싸우느냐의 선택권은 나 자신에게 있음을 인식한다. 지금 눈앞에 일어난 감정, 감각과 싸우지 말고 그냥

받아들이자.

2. 내가 경험하고 있는 것을 관찰한다. 자신의 반응을 인지하고 느껴 보자. 불안이 신체의 어느 부위에서 느껴지는가? 불안의 감각, 감정과 싸우지 않고 그대로 두었을 때 어떤 일이 일어나는가? 통제할 수 없음을 인정하고 받아들였을 때 어떤 일이 일어나는가? 바꿀 수 없다면 받아들이자.

3. 불안한 상황을 맞닥뜨렸을 때 다음의 문구들을 사용해 보자.

    예1 내가 바꿀 수 없는 일로 스트레스를 받는 건 아무 도움이 되지 않아.

    예2 나는 힘들고 어려운 상황을 받아들일 수 있어. 이 또한 지나갈 거야.

    예3 걱정과 괴로움에 맞서 싸워봤자 더 큰 고통이 따를 뿐이야. 바꿀 수 없다면 받아들이자.

    예4 나는 이 상황을 있는 그대로 받아들일 수 있어.

불안에 저항하는 일반적인 방식과 위의 방식은 어떻게 다른가? 불안을 관리하거나 통제하려고 들지 않을 때 불안에 더 집중하게 되는가 아니면 덜 집중하는가? 불안을 받아들였을 때 어떤 기분이 들었는가?

불교 철학에서는 고통에 저항이 더해지면 괴로움이 된다고 말한다. 고통은 자연스러운 삶의 일부다. 이를 거부하기보다 받아들이는 법을 배운다면 불안과 괴로움을 줄이는 데 힘이 될 것이다.

41

자기 연민으로
내면을 돌본다

친구를 위로하듯 자신을 대하고 있는가.
자기 마음의 평온을 위해 어떤 말을 하고 있는가.

누구나 한 번쯤은 자기 내면에서 울리는 비난의 목소리를 들어본 적 있을 것이다. '제대로 할 수 있을 리 없어, 성공하지 못할 거야, 분명 실수하고 말 거야'. 불안 증상을 겪고 있다면 더 빈번히 들을 것이다.

자기 자신에 대한 비판적인 생각을 인식하고, 그것의 본질을 파악해 거리를 두는 것은 불안을 줄이는 중요한 전략이 될 수 있다. 내면의 비판적인 목소리는 편도체의 방어 반응을 활성화하고 불안을 유발한다. 이러한 목소리가 습관처럼 계속되면 삶은 스트레스로 가득 찰 수밖에 없다.

이때 자기 연민(혹은 자기 자비)self-compassion은 내면의 비판적인 목소리를 진정시키고 자신에게 친절하게 말하는 법을 익히는 데 도움이 된다. 연민은 누군가의 고통을 목격하고 돕고자 할 때 느끼는 감정이다. 이 연민의 방향을 자기 내면으로 돌림으로써 스트레스 반응을 잠재울 수 있다. 자기 연민 분야의 권위자인 크리스틴 네프는 "불교적 관점에서 연민은 모든 방향으로 확장하며, 타인뿐 아니라 자기 자신도 포함한다."라고 말했다. 고통과 결핍을 느끼는 자신에게 연민을 베풀어 보자. 이때 베풀 수 있는 자기 연민으로는 자기 친절, 인간애, 마음챙김이 있다(네프 2022).

자기 친절은 고통이나 실패를 경험할 때 자신을 비난하기보다는, 판단 없이 이해심을 가지고 대함을 뜻한다. 우리는 다른 사람이 힘들어하거나 실패를 겪을 때는 다정하게 대하면서도 자기 자신이 같은 처지에 있을 때는 그렇지 못하다. 자기 친절이란 자신이 어려움을 겪을 때 스스로를 적극적으로 돌보고 배려하는 것이다. 최소한 다른 사람에게 친절을 베푸는 것만큼은 우리 자신에게도 친절해야 하지 않을까?

고통과 결핍은 사람이라면 누구나 겪는 감정이다. 힘든 시기를 겪고 괴로움을 느끼는 것은 인간이기에 당연한 일인지 모른다. 우리 모두는 실수와 실패를 경험하고, 스트레스와 상실감, 뜻대로 되지 않는 일들을 맞닥뜨린다. 이때 자기 자신을 비난하기보다는 힘들고 괴로운 경험을 삶의 자연스러운 과정으로 받아들인다면 자신에 대한 더 많은 연민을 느낄 수 있을 것이다. 이와 함께 판단하지 않고 현재 순간에 머물며, 생각과 감정에 얽매이지 않고 떠오르는 마음을 관찰하는 마음챙김도 연습하자.

'나는 형편없는 실패자야.' 같은 비관적인 생각이 든다면 자기 연민을 가지고 이렇게 말해 보자. '나는 내가 힘든 시간을 보내고 있는 걸 알아. 모두가 잘 해내기 위해 고군분투하고 있다는 것도 알아. 이것 역시 삶의 일부야. 그러니까 나는 나에게 친절을 베풀 거야.'

친구를 위로할 때 어떻게 하는지 떠올려보자. 자신에게 하듯 비난을 늘어놓는가? 자기 연민을 실천할 때 '가장 친한 친구에게 어떻게 말할까?'를 생각해 보면 도움이 된다. 친구를 대하듯이 자신을 대해 보자. 가끔이라도 그렇게 할 수 있다면 이미 좋은 출발을 한 것이다.

자기 연민을 실천하는 방법

다음은 자기 연민을 실천하는 네 가지 방법이다. 이 중 한두 가지를 골라 시도해 보자. 실행하는 게 어렵게 느껴진다면 내면의 비판적인 목소리와 자신을 동일시하고 있기 때문이므로 이에 대한 자각이 필요하다.

1. **내면의 비판적인 목소리를 밖으로 꺼내어 거리를 둔다.** 자신에게 매우 비판적이었던 순간을 떠올려본다. 이제 그 목소리를 만화 캐릭터에 덧입혀 보자. 캐릭터가 어떤 모습으로 어떻게 말할 것 같은가? 자신을 비판하는 내면의 목소리가 들릴 때 내가 아니라 캐릭터가 말하는 것이라 생각하면서 한 걸음 물러서서 비판의 목소리와 거리를 둔다. 그 목소리를 반박해 보자. 캐릭터가 당신의 친구에게 비난의 말을 한다면 캐릭터에게 어떻게 말할 텐가? 비판하는 목소리에 어떻게 반박하며 자신을 응원할지 노트에 적어보자.

2. **힘든 시간을 보내는 자신에게 자기 연민의 편지를 써본다.** 소중한 친구에게 말하듯 다정하고 친절하게 말하자. 친구에게 너는 가치 있으며 소중한 존재라고 어떻게 안심시킬 것인가? 이렇게 말해 보자. "너는 소중해. 그리고 사랑받을 자격이 충분해. 나는 너를 믿어. 너는 강해. 넌 이겨낼 거야."

3. **신체 접촉을 한다.** 힘든 시간을 보내고 있다면 한쪽 팔을 반대쪽 어깨에 올리고 자신을 감싸안듯, 혹은 친구의 어깨를 어루만지듯 꼭 안아보자. 자신의 손이 얼마나 따뜻하게 느껴지는지, 이런 행동이 비판적인 태도와 비교해 얼마나 위로가 되는지 느껴보자. 그러곤 자신을 부드럽게 토닥이며 "와, 정말 힘들어. 누구나 이렇게 힘든 시기가 있겠지."라고 자기 연민의 말을 해 보자.

4. **마음챙김을 실천한다.** 생각과 감정을 관찰하고, 알아차리고, 귀를 기울인다. 판단하거나 바꾸려 하지 말고 그대로 둔다. 생각은 생각일 뿐이니 마음에 담지 말자. 자기 연민의 말로 자신을 보듬자. 자기 생각과 감정에 대해 불평을 해도 좋고, 후회를 해도 좋고,

> 비판을 해도 좋다고 허용하자. 다만 잊지 말자. 생각은 단지 생각일 뿐이며, 생각으로 힘들어하는 자신에게 연민을 가질 자격이 있음을 말이다.

많은 사람들이 자신에게 연민을 갖는 것을 무척 어색해한다. 오히려 자신을 비판하고 벌주는 것을 더 익숙하게 여길 것이다. 과연 비판하고 벌주는 게 도움이 될까? 자신을 비난하는 생각들은 스스로 지치게 만들 뿐 문제 해결에 도움이 되지 않는다. 당신은 친구를 대하듯이 자신을 대하고 있는가? 자신에게 더 큰 연민과 포용심을 가질 수 있는가? 자신에게 마음의 평온을 주기 위해 어떤 말을 하고 있는가?

4부

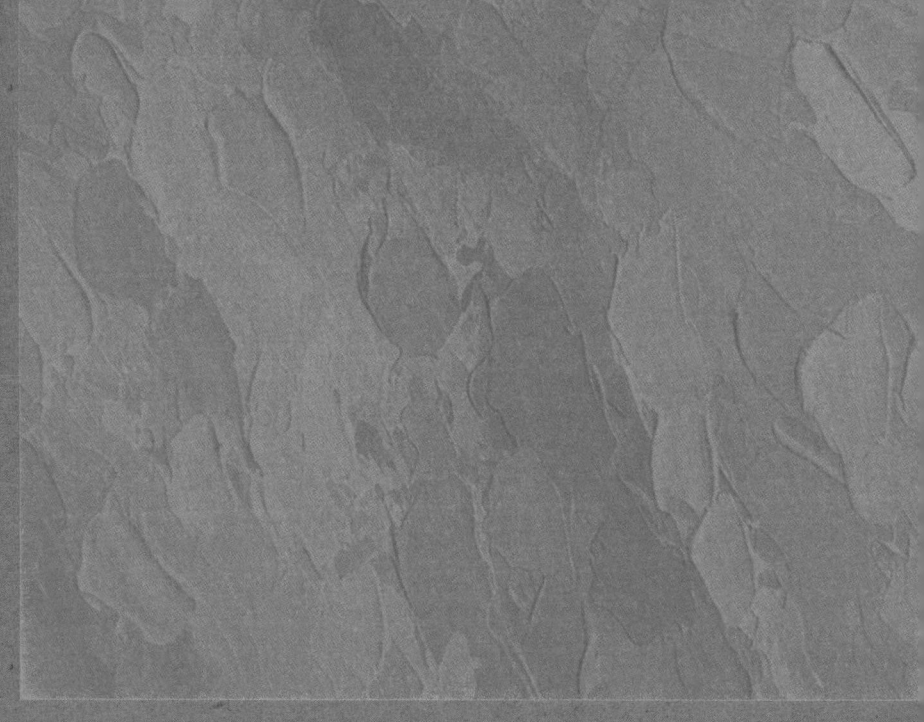

대뇌피질의 함정에
빠지지 않기

불확실성을 받아들일 때
더 평온해진다

42

편도체를 자극하는
생각의 함정

> 불안의 손아귀에서 벗어나려면
> 인지 왜곡을 식별할 수 있어야 한다.

우리 마음은 매일 수천 가지 생각을 만들어낸다. 이 중 어떤 생각은 유용하며 정확하지만, 그렇지 않은 생각도 있다. 단순히 생각이 떠올랐다고 해서 그것이 의미 있거나 주목할 가치가 있는 것은 아니다.

편도체가 우리의 생각을 끊임없이 감시하고 있다는 점을 잊지 말자. 편도체는 위협적인 상황이 일어나기를 기다리며 혹시 모를 최악의 상황에 대비하는 쪽으로 편향되어 있다. 투쟁 혹은 도주 반응으로 우리를 위험에 대비시키는 것, 그것이 바로 편도체의 역할이다. 우리가 위협이 될 만한 일을 떠올리면 편도체는 그에 대응하도록 우리 몸을 준비시킨다. 그러나 확실하지 않은 위협에 편도체가 반응하는 것은, 마치 불이 나지 않았는데도 화재경보기를 울리는 것과 같다.

편도체가 대뇌피질의 생각을 모니터링한다는 사실을 이해하면 무서운 생각을 할 때 왜 불안해지는지 알 수 있다. 편도체가 당신의 생각에 반응했기 때문이다. 불안으로 어려움을 겪는 사람들은 자신이 떠올리는 생각에 어떠한 진실이 있다고 믿는 경향이 있다. 거기에 편도체의 반응성이 강해져 불안감을 느끼면 위험이 실제로 존재한다고 확신하기도 한다.

불안을 악화시키는 사고 패턴에 어떻게 빠지는지 이해하면 그러한 유형의 사고를 피하기 위해 노력할 수 있다. 이 사고 패턴을 '인지 왜곡cognitive distortions' 혹은 '사고의 함정thinking traps'이라고 부른다. 누구나 흔히 겪을 수 있는 일이므로 사고의 함정에 자주 빠지더라도 자책할 필요는 없다.

이분법적 사고

이분법적 사고all-or-nothing thinking는 매우 흔한 사고의 함정이다. 이는 중간이나 회색의 범주 없이 모든 것을 흑백 논리, 양극단으로 보는 사고를 말한다. 다시 말해 모든 것을 좋거나 나쁘거나, 성공

이거나 실패거나, 완벽하거나 완전히 엉망이거나 둘 중 하나라고 여긴다. 그리고 이분법적 사고를 하는 사람들은 다양한 관점으로 사물을 보는 이들에 비해 자신의 경험을 더 부정적으로 분류하는 경향이 있다. 한 번의 실수가 프로젝트 전체를 실패로 만들었다고 생각하고, 시험 점수로 B를 받은 사람은 자신이 성취한 긍정적인 부분은 보지 못하고 결과에 낙담할 뿐이다. 반면 세상의 회색 영역을 볼 수 있는 사람은 시험에서 잘한 부분과 부족한 부분을 구분해 평가할 수 있다.

'모 아니면 도' 같은 이분법적 사고는 많은 상황을 부정적으로 분류하기 때문에 편도체를 활성화하는 사고로 이어진다. 부정적인 사고에 집중하면 두려움을 느끼기 마련이다.

이분법적 사고 극복하기

- 절대적인 기준으로 사고하고, 중간이 없이 전부 아니면 전무의 방식으로 모든 상황을 본다면 당신은 이분법적 사고를 하고 있다고 볼 수 있다. 자신이 이분법적 사고를 한다는 사실을 인지했다면, 세상 모든 일에 절대적인 것은 존재하지 않음을 명심하자.

  대부분의 상황에는 둘 이상의 측면이 존재한다. 이제 '아니면'

을 '그리고'로 바꿔보자. 삶의 경험은 좋고 나쁨이 함께 있을 수 있다. 예를 들어 "잘못된 부분을 지적받다니 완전히 망했어."라고 말하는 대신 "개선점도 지적받았고 긍정적인 피드백도 받았어."라고 말해 보는 거다.

- 이분법적 사고를 극복하는 또 다른 방법은 상황을 좀 더 복합적으로 보려고 노력하는 것이다. 가령 친구와 콘서트를 보러 갔는데 공연이 실망스러웠다면 "완전히 시간 낭비였어. 형편없는 공연이었어."라고 말하는 대신 공연의 다양한 측면을 살펴보고 다른 부분에 비해 어느 부분은 좋았는지 말할 수도 있고, 공연장까지 가는 드라이브 코스가 좋았다거나 친구와 시간을 함께 보내서 좋았다고 할 수도 있다. 이런 식으로 그날의 긍정적인 면을 찾아볼 수 있을 것이다.

  하나의 사건에 대해 여러 차원의 관점과 감정적 반응을 찾는 것이 도움이 된다.

위와 같은 인지 왜곡의 예만 봐도, 편도체를 활성화해 불안에 휩싸이게 하는 생각을 대뇌피질이 쉽게 만들어냄을 알 수 있다. 불안의 손아귀에서 벗어나려면 먼저 인지 왜곡을 식별할 수 있어야 한다. 전체적인 상황이 부정적이지 않은데도 부정적인 것에만 집중하는 경향이 있다면 더더욱 인지 왜곡을 하고 있는 것은 아닌지 자문해 봐야 한다.

불안이나 걱정이 밀려들 때 자신의 생각을 검토하고 필요하다면 그러한 생각들을 노트에 적어보자. 그리고 이분법적 사고와 같은 인지 왜곡이 없는지 확인하자. 그런 후에 더 긍정적이고 건강한 생각을 떠올리도록 노력해 보자.

43
타인의 마음을 읽는다는 착각

다른 사람이 무슨 생각을 하는지
정확히 안다는 것은 불가능에 가깝다.

남들이 당신을 평가하거나 당신을 부정적으로 볼까 봐 걱정되어 사람들 앞에서 말하거나 질문하는 게 두려웠던 적이 있는가? 얼굴을 찌푸린 친구를 보고 당신에 대해 부정적인 생각을 하고 있다고 해석한 적이 있는가? 이는 매우 일반적인 현상으로 누구나 흔히 경험하는 일이다.

우리는 종종 다른 사람들이 무슨 생각을 하는지 안다고 여긴다. 이러한 행동을 마음 읽기mind reading라고 한다. 그러나 사실 마음 읽기는 상대의 마음을 실제로 읽는 것이 아니라, 상대방이 무엇을 생각하는지 안다고 그저 상상하는 것에 불과하다. 정말로 우리가 다른 사람의 생각을 알 가능성이 얼마나 되겠는가? "뭐, 거의 불가능하지."라고 생각했다면 이번엔 그 생각이 맞았다! 타인이 무슨 생각을 하는지 정확히 안다는 것은 불가능에 가깝다. 타인의 생각은 우리가 추측하는 내용과는 대부분 거리가 멀다.

우리가 다른 이의 생각을 걱정하거나 우려할 때, 그 생각들은 그들의 뇌가 아닌 우리의 뇌에서 비롯된다. '그들은 나를 멍청하다고 생각해', '쟤는 나에게 화가 나 있어' 같은 생각들이 바로 흔히 발생하는 인지 왜곡이다. 이런 생각들은 다른 사람의 생각을 정확히 파악하기보다 우리 자신에 대한 자기 의심self-doubt과 걱정을 더 반영한다.

그리고 우리가 그처럼 타인의 생각을 안다고 상상할 때, 편도체는 마치 실제로 누군가로부터 '너 정말 바보 같아.'라는 말을 들은 것처럼 반응한다. 편도체가 생각에 반응해 활성화하면 불안을 느끼게 되고, 그로 인해 타인의 생각이 걱정할 만한 것처럼 느껴지거나 그가 자신을 비난하고 있다고 믿게 된다. 이렇듯 마음 읽기를 하다 보면 편도체가 활성화되고, 불안을 증폭시키는 생각과 이미지로 머릿속이 가득 차기 때문에 상황에 제대로 대처하기가 어려워진다.

마음 읽기의 효과와 영향을 생각해 보기

먼저 실험을 하나 해 보자. 친구에게 아무 생각이나 해 보라고 부탁한 다음, 그가 무슨 생각을 하는지 추측한다. 그리고 당신의 추측이 맞는지 확인해 보자. 마음 읽기가 말처럼 쉽지 않을 것이다. 다른 사람이 무슨 생각을 하는지 알기란 무척 어려운 일이다. 예를 들어 상대방이 완전히 다른 생각을 할 때도 우리는 흔히 상대방이 나에 대한 무언가를 생각한다고 착각한다.

상대방이 무슨 생각을 하는지 모르는 상황에서 마음 읽기를 했다가 오히려 더 큰 불안을 초래했던 상황을 떠올려보자. 과거 어떤 상황에서 마음 읽기를 했었는지 노트에 세 가지 이상 적어보자.

그 상황에서 마음 읽기가 어떤 영향을 미쳤는지 적어본다. 걱정이나 불안이 더 커졌는가? 마음 읽기 때문에 어떤 활동을 아예 피한 적이 있는가?

다음의 예를 생각해 보자. 마음 읽기로 비판이나 댓글을 예상하고 어떻게 대답할지 전체 대화를 머릿속에서 시뮬레이션까지 돌렸는데, 실제로는 비판이나 댓글이 전혀 발생하지 않았던 적이 있는가? 그러한 경험이 있다면 노트에 적어본다. 그때 불필요한 불안에 시달리지는 않았는가?

앞으로 다가올 상황을 더 건강한 방식으로 생각하자. 어떤 순간에 자신이 마음 읽기를 하는지 인식하고, '나는 저 사람이 무슨 생각을 하는지 확실히 알지 못하니까 예측하기는 사실상 불가능해', '예전에 다른 사람들이 나에 대해 나쁘게 생각한다고 추측했지만 그에 대한 증거는 없었어', '확실하지도 않은데 다른 사람들이 나를 안 좋게 본다고 추측하면 불안만 커질 뿐이야!'라고 바꾸어 생각하자.

타인의 관점을 잘 이해하는 것과 마음 읽기는 다르다는 점을 유의해야 한다. 때때로 누군가의 생각을 잘 파악할 때가 있는데 이는 마음 읽기를 해서가 아니라, 그가 과거에 했던 말이나 행동을 기억하고 있어서다. 예를 들어 친구가 정치 이야기는 듣기 싫다고 말했다고 해 보자. 이 경우 당신은 친구가 했던 말을 바탕으로 정치 이야기를 했을 때 친구가 어떤 생각을 할지 꽤 정확하게 추측할 수 있다. 다만 친구와 대화할 때 당신의 관점에서 행동할지, 아니면 친구의 관점에 따라 행동할지는 당신이 결정할 몫이다.

마음 읽기가 편도체에 미치는 부정적인 영향을 이제 알았으니, 마음 읽기를 하지 말고 상황을 마주해 보자. 앞으로 일어날 일에 대해 열린 마음과 호기심을 가지자. 상대방이 솔직하게 터놓지 않는 한 우리는 그의 생각을 알 수 없다는 사실을 편안하게 받아들이자.

정확하지 않은 가정과 추측을 하기보다 호기심을 가지고 상황에 접근하는 연습을 하다 보면, 마음 읽기를 시도하는 것이 늘 도움 되는 것은 아니며 상대방이 본인의 생각을 말해 줄 때까지 기다리는 게 낫다는 사실을 배울 것이다. 사람들은 당신이 생각하는 것처럼 당신의 행동이나 말에 큰 관심이 없으며, 오히려 중립적이거나 긍정적인 경우가 더 많다는 사실에 놀랄지도 모르겠다.

44

'○○하면 어떡하지'의 함정

불확실한 미래의 일에 마음을 쏟아붓는 것은
불안과 공포로 가득한 방에 스스로 갇히는 것과 같다.

당신은 똑똑하고 창의적인 사람이며 결코 일어나지 않을 일까지 상상할 수 있는 능력이 있다. 그런데 그런 능력을 유용한 방향으로 사용하고 있는가? '○○하면 어떡하지?'라고 자문하며 일어날 수 있는 최악의 상황을 상상하고 있지는 않은가?

어쩌면 당신은 '차가 고장 나면 어떡하지?', '그가 나에게 화를 내면 어떡하지?', '직장을 잃으면 어떡하지?' 같은 질문이 미래를 대비하는 데 도움이 되리라 생각하는 사람들에게서 이런 사고를 배웠을지도 모른다. 일어날 수도 있지만 그럴 가능성이 낮은 일들을 걱정하는 데 당신의 뇌가 늘 집중해 왔을지도 모른다. '무슨 소리가 났는데 내가 동물을 친 거면 어떡하지?', '어젯밤에 술에 취해 끔찍한 실수를 저질렀으면 어떡하지?', '아이를 돌보다가 아이가 다치면 어떡하지?' 당신의 머릿속은 이런 질문에 답하면서 일어날 수 있는 수많은 상황을 떠올리고 상상력이 만들어내는 최악의 결과들에 집중하고 있을지 모른다.

'○○하면 어떡하지'를 끊임없이 생각하는 함정에서 헤어나지 못한다면 당신의 대뇌피질은 더 큰 불행을 끌고 올 것이다. '어떡하지'라고 물을 때마다 부정적인 상황을 상상하고, 그로 인해 새로운 두려움과 불안이 계속 생겨나 마치 끔찍한 악몽처럼 당신을 괴롭힐 것이다. 당신이 괴로운 이유는 '어떡하지'라는 생각이 편도체를 활성화해 엄청난 불안을 만들어내기 때문이다.

어쩌다 이러한 습관을 갖게 되었는지는 차치하고, 이 습관이 당신에게 얼마나 큰 고통을 주는지 인식해야 한다! '○○하면 어떡하지'라고 묻는 습관은 당신에게만 영향을 미치는 게 아니다. 다른 사람에게도 '만약 일어날 일'에 대해 묻는 통에 상대방까지 덩달아 일이 잘못될까 봐 걱정하게 된다. 당신은 괜찮다는 말이 듣고 싶어서 사람들에게 묻겠지만, 항상 원하는 답이나 위로를 들을 수 있는 게 아니라는 사실도 알 것이다.

'○○하면 어떡하지'라는 질문은 미래에 일어날 일을 '확실히' 알고 싶다는 욕구에서 비롯된다. 마치 그것이 가능하기라도 하는 양 말이다. 사람들은 불확실한 미래를 불안해한다. 그러다 보니 스스로 혹은 다른 누군가가 확실한 답을 내려주기를 바라며 마음속으로 계속 '어떡하지!'를 외쳐댄다. 색을 맞추기 위해 큐브를 이리 돌리고 저리 돌리는 사람처럼 끊임없이 '어떡하지'라는 질문을 던지고 답을 얻기 위해 애쓴다.

하지만 아무리 고민해 봤자 미래에 대한 명확한 답은 얻을 수 없다. 확실하지도 않은 일에 마음을 쏟아붓는다면 결국 불안과 공포로 가득한 방에 갇힐 뿐이다.

'○○하면 어떡하지' 굴레에서 벗어나기

'○○하면 어떡하지'라고 자주 가정하게 되는 상황을 생각해 보고, 그때 자신이 주로 어떤 질문을 하는지 노트에 적어본다. 이렇게 해 두면 그 같은 생각이 다시 떠오를 때 주의 깊게 살필 수 있다. 몇 가지 상황과 질문을 파악한 후에는 다음 단계를 시도해 보자.

1. **먼저 '어떡하지'라는 생각이 떠오를 때를 인지한다.** 이 지긋지긋한 걱정 굴레에서 벗어나려면 '어떡하지'라는 질문이 언제 떠오르는지를 알아차리고, 그것이 당신을 유혹하는 미끼임을 깨달아야 한다. 이 질문에 대답하려고 시간을 소비하는 순간 걱정이 지닌

원래 의도와는 다르게 불안의 덫에 빠지게 된다(36번 글 참고). 부정적인 상황을 상상하도록 유도할 뿐 해결책을 찾는 데는 도움이 되지 않기 때문이다.

어떤 일이 일어날지 상상한다고 해서 그 일이 실제로 일어나는 것도 아니고, 그 일이 일어나지 못하게 막을 수 있는 것도 아니다. '어떡하지'라는 생각에 빠지는 것은 스스로를 고문하는 행동이며, 마치 편도체에게 공포 영화를 보여주는 것과 같다.

2. **게임의 판을 바꾼다.** 가정적 질문을 평서문으로 바꿔보자. '월세 낼 돈이 없으면 어떡하지?'를 '월세 낼 돈이 있을 수도 있고 없을 수도 있어.'로, '소피가 나에게 화가 났으면 어떡하지?'를 '소피는 나에게 화가 났을 수도 있고, 화가 나지 않았을 수도 있어.'로 바꾼다.

이는 상황의 불확실성을 정면으로 인정하는 것이며, 확실히 알지 못한다고 말하는 것이다. 그것으로 충분하다. 답을 찾는 것에서 벗어나 삶이 불확실하다는 사실을 편안하게 받아들이는 것으로 게임의 판을 바꾸자. 삶은 원래 불확실하다. 예를 들어 지금 이 순간 당신이 사랑하는 사람들이 어디에 있는지 정확히 알 수 없고, 그들이 모두 안전하다고 확신할 수 없다. 하물며 '무슨 일이 생기면 어떡하지?'라고 질문하기 시작하면 아무런 근거 없이 걱정을 불러들이는 셈이 된다. 걱정을 사서 만들어내는 것은 편도체를 활성화해 불안을 초래할 뿐이다.

3. **불확실성을 인정하고 살아가자.** 나쁜 일이 일어날 거라는 시나리오를 만들어 불확실성을 불안으로 대체하지 말고, 불확실성과 함

께 살아가는 연습을 하며 하루를 보내자.

'○○하면 어떡하지'에 아무리 골몰해도 불확실성은 줄어들지 않으며, 잠재적으로 일어날지도 모르는 일에 대한 불안만 키울 뿐임을 깨달으면 가정적 질문에 대한 온갖 답을 찾느라 시간을 낭비하지 않게 된다.

미래가 어떻게 전개될지 누가 알겠는가? 불확실성은 삶의 일부다. 미래에 일어날 수 있는 부정적인 결과에 집착한들 불확실성이 사라지는 것도 아니다. 오히려 고통만 가중될 뿐이다. 때로는 불확실성을 받아들이고 살아야 할 때도 있는 법이다. 특히 당신이 영향을 미칠 수 없는 상황이라면 더욱 그렇다.

45

비관주의에 맞서라

무엇에 집중할 것인가?
그것이 당신의 삶을 바꾼다.

어떤 이유로든 불안과 두려움에 삶이 지배당하면 사고방식도 그에 영향을 받는다. 나쁜 일이 일어날까 봐 크고 작은 징후에 촉각을 곤두세우고 미래를 낙담하며 최악의 상황을 예측하는 것이 가장 안전하다고 믿게 된다.

때로는 자신에게 닥칠 수 있는 불행에 대비라도 하듯이 상황을 반복적으로 분석하는 것에 빠져드는데, 이를 '불안 우려anxious apprehension(엥겔스 등 2007)'라고 한다. 부정적인 사고를 반복하면 이 경향이 점점 강해진다. 대뇌피질의 신경 회로는 '가장 분주한 것이 살아남는다.'라는 원칙에 따라 작동하고(슈워츠, 베글리 2003, 17),

반복적으로 사용하는 회로는 강화되고 더 쉽게 활성화된다. 걱정을 많이 하면 할수록 걱정 회로가 강화된다는 뜻이다. 결국 부정적인 예측이 대뇌피질을 지배하면 비관주의의 악순환에 빠진다.

비관주의는 삶에 매우 나쁜 영향을 미친다. 부정적인 생각에 집중하고 부정적인 결과를 예상하면 자연히 편도체가 활성화되어 불안과 공포에 시달리게 된다. 또한 비관주의는 삶을 변화시키려는 의지를 꺾는다. 실제로 비관주의가 너무 강하면 아무것도 할 수 없는 무기력한 상태가 되기도 한다. 어떤 행동을 하려다가도 그 일이 잘못될지도 모른다는 생각이 들면 행동을 멈춰 버린다. 이처럼 비관주의는 행동을 마비시키고 그것이 만들어낸 부정적인 감정과 결합되어 비관적인 상태를 더욱 악화시킨다.

비관주의가 일상화되면 극복하기가 쉽지 않다. 중립적 혹은 긍정적으로 생각하려고 해도 대뇌피질이 이미 부정적인 것에 초점을 맞추도록 길들어져 잠재적 문제와 걱정이 먼저 떠오르기 때문이다. 긍정적인 사고가 낯설게 느껴질뿐더러 지금껏 부정적인 사고를 반복해 온 탓에 그것이 강력하게 자리를 잡아 부정적인 생각들이 쉽게 떠오른다.

다음은 의욕을 떨어뜨리고 삶을 제한하는 부정적인 사고의 몇 가지 예다.

- ✓ 일이 잘될 리가 없잖아.
- ✓ 최악을 예상하면 실망할 일도 없어.
- ✓ 이 문제가 영영 끝나지 않을 거란 확신이 들어.
- ✓ 사람들은 날 실망시킬 게 뻔해. 그러니 애당초 기대 따윈 하지 않는 게 낫지.

이러한 유형의 사고가 마음속 깊이 자리 잡고 있다면 방치해서는 안 된다. 부정적 사고와 싸워야 한다.

비관주의는 우뇌와 더 밀접하게 연관되며, 낙관주의적 관점을 더 잘 형성하는 것은 좌뇌다(헤흐트 2013). 연구에 따르면 상황을 긍정적인 관점으로 보려고 의도적으로 노력하면 좌뇌가 활성화된다고 한다(맥레 등 2012). 이는 비관적인 태도를 바꿀 수 있다는 증거다. 낙관적인 사람들이 더 행복하고, 어려움을 더 잘 극복하고, 심지어 더 건강하다는 연구(피터스 등 2010)도 있다. 그뿐만이 아니다. 낙관적인 사고는 좌절과 실패를 겪더라도 다양한 활동을 수행하고자 하는 동기를 높이며(샤롯 2011), 이는 높은 회복 탄력성으로 이어진다.

당연한 이야기지만 부정적인 것에 집중하면 감정적으로도 만족스러운 삶을 살 수 없다. 비관주의 채널에 치우친 사고방식은 아무 성과도 얻지 못한 채 불행과 좌절을 초래할 뿐이다. 이를 떨치고 다른 접근 방식을 시도할 때 삶의 여러 측면에서 더 나은 변화를 꾀할 수 있다.

비관주의 채널에서 벗어나기

비관주의 채널에서 벗어나기란 앞서 언급한 부정적인 생각들을 하나하나 살피며 반박하는 것이 아니다. 이러한 시도조차 비관주의 채널에 머무르는 것이기 때문이다. 비관주의를 성공적으로 줄이려면 다른 생각으로 관심을 돌려 비관주의 채널에서 완전히 빠져나와야 한다.

방법은 어렵지 않다. 그저 자신이 좋아하는 것에 의도적으로 집중하면 되기 때문이다. 관심 있는 일, 즐거운 일에 주의를 돌리고 그러한 활동들을 일과에 포함시키자. 친구와 잡담하기, 휴대폰 게임, 베이킹, 수공예품 만들기, 자신이 좋아하는 것이라면 어떤 것이든 괜찮다.

물론 꼭 좋아하는 활동만 해야 하는 건 아니다. 비관적인 생각에서 벗어나 주의를 전환하는 것 자체가 개선이 될 수 있다. 업무나 집안일에 집중하는 것도 도움이 된다. 다만 그렇더라도 자신이 좋아하는 활동을 포함하는 것을 기억했으면 한다. 그런 활동은 격려와 안도감을 주고 생각을 전환하는 데 더 유용할 것이다.

감사하는 시간을 늘리는 것은 특히 도움이 된다. 매일 의식적으로 내가 감사할 수 있는 것들에 대해, 고마운 이들에 대해 자문하자. 감사는 긍정적인 생각에 집중하는 데 많은 도움이 된다. 매일 잠시라도 다음의 말들을 생각하자. 노트를 꺼내 매일 새로운 내용으로 빈칸을 채우며 긍정적인 생각에 집중해 보자.

- 나를 미소 짓게 하는 것은 _____이다.
- 나는 _____에 감사하다.
- ___(이름)___가 _____할 때 정말 고맙다.
- 나는 _____할 수 있어서 행복하다.
- 오늘 내가 ___(보고, 듣고, 맛보고, 냄새를 맡는 등)___ 한 것을 감사히 여긴다.

무엇에 집중하든 그것이 현실이 된다는 점을 명심하자. 대부분의 시간을 삶의 부정적인 측면에 집중한다면 일상이 어둡고 침울하고, 슬퍼질 것이다. 하지만 즐거운 것, 생산적인 것, 미소 짓게 만드는 것에 집중하고자 노력한다면 일상은 즐겁고 활기차며 행복해질 것이다. 무엇에 집중할 것인가? 그것이 당신의 삶을 바꾼다.

46

타인과의 비교를 멈춘다

비교하지 말고 그저 자신이 이룬 성취를 즐겨라.
나보다 나은 사람, 못한 사람은 늘 있기 마련이니까.

다른 사람과 자신을 비교하는 것은 어찌 보면 당연한 심리인지 모르겠다. 누구나 자신의 행동이 정상적인지, 제대로 잘하고 있는지 확인하고 싶기 마련이다. 다른 이의 이름을 잘 기억하지 못하는 사람을 보면 나만 그런 게 아니라는 사실에 안도하고, 각자가 음식을 준비해 오기로 한 포트럭 파티의 메뉴를 의논할 때 누군가가 당신의 라자냐가 최고라며 부탁해 오면 뿌듯함을 느낄 것이다.

그러나 타인과의 비교는 여러 부정적인 결과를 가져오기도 한다. 특히 불안 증세를 겪고 있다면 남과의 비교는 전혀 도움이 되지 않는다. 걱정이 많거나 사회 불안을 겪는 사람들은 보이지 않는 내면의 문제와 싸우고 있으며, 이러한 문제는 삶의 여러 측면에서 어려움을 초래한다. 불안을 생성하는 두뇌 과정과 각 개인의 불안 경험이 유전적 요인과 환경적 요인에 따라 다르다는 사실을 이해하면 우리 모두가 고유한 존재임을 알 수 있을 것이다. 사람은 저마다 느끼는 어려움과 편안함이 있다. 심지어 같은 상황에서도 다르게 반응한다. 형태만 다를 뿐 불안은 모든 사람의 삶에 존재하며, 그렇기에 자신과 다른 사람과 비교하는 것은 도움이 되지 않는다.

어떤 사람은 불안으로 인해 여러 사회적 상황이 어려운 도전으로 다가오기도 한다. 예를 들어 결혼식이나 프레젠테이션처럼 사람들 앞에 나서야 하는 상황에서 심한 불안을 느낀다. 반면 여러 사람 앞에서도 스스럼없이 자리에서 일어나 즉흥적으로 노래 부를 수 있는 사람도 있다. 우리(필자)는 내담자들에게 이렇게 말한다. 별다른 스트레스 없이 교통 체증을 뚫고 출근하는 사람도 있겠지만, 어떤 사람들은 불안을 마주하고 사무실에 도착한 것만으로도 박수를 받아 마땅하다고. 불안을 겪는 이유가 가족력 때문이든, 트라우마 때문이든 다른 사람이 구체적으로 알 필요는 없다. 다만 남들에게 쉬워 보일지 모르는 일일지라도 그것을 당신이 해낸 것만으로도 기립 박수를 받을 자격이 충분하다는 것을 알아야 한다.

우리가 불안 유발 요인을 통제하기란 거의 불가능하지만, 불안에 대처하기 위한 갖가지 방법은 얼마든지 활용할 수 있다. 불안과 관련해 그래도 다행스러운 점은 뇌에서 어떤 과정을 거쳐 불안 반응이 일어나며, 이러한 뇌 회로를 재구성하는 방법을 안다는 사실이다. 우울증, 양극성 장애, 자폐증, 치매의 메커니즘은 아직 이 정도까지는 알 수 없다. 하지만 불안과 관련해서는 적어도 뇌의 어느 부분을 어떻게 재구성해야 하는지 논의할 수 있다.

타인과의 비교는 자신에게도, 다른 사람들에게도 공평하지 않다. 맥스 어만Max Ehrmann은 시 〈바라는 것Desiderata〉(1927)에서 이렇게 조언한다. "자신을 다른 사람과 비교하면 자신이 하찮게 느껴지고 비참해진다. 당신보다 더 나은 사람, 더 못한 사람은 언제나 있기 마련이기에." 또한 "당신이 이뤄낸 것을 즐기라."라고 격려하며 성취를 이루기 위해 자신이 어떤 대가를 치렀는지는 오직 자신만이 알 것이라 말했다.

다른 사람과 비교하는 자기 모습을 알아차리고, 그것이 자신에게 어떤 영향을 미치는지 인지한다면 비교가 얼마나 쓸모없는 일인가에 동의할 것이다. 특히 요즘 같은 소셜 미디어 시대에는 다른 사람들이 나보다 한층 성공을 거둔 것처럼 보이고, 훨씬 더 행복해 보이기 십상이다.

비교가 미치는 영향 관찰하기

하루나 이틀에 걸쳐, 특정 활동의 수행과 관련해서 자신을 다른 사람과 비교하는지 주의 깊게 살펴보자. 다른 사람이 성취한 것을 보면서 자신이 그 사람보다 못하다고 느끼는가? 자신과 그 사람은 본질적으로 같으므로 비슷한 결과를 내야 마땅하다고 여기면서 자신의 능력과 성과를 깎아내리고 있진 않은가?

다른 사람이 일을 처리하는 방식이나 행동을 보고 자신보다 못하다고 생각하고 있지는 않은지 살펴본다. 그런 식으로 자신감을 쌓는가? 다른 사람보다 우월하다고 느껴야 자신감이 생기는가? 관찰한 내용을 노트에 적자.

남과 나를 비교하는 대신 나의 과거와 현재를 비교해 본다. 활동을 하나 정해 오늘과 과거를 비교한다. 과거보다 수행 능력이 향상했는가? 불안감을 덜고 작업을 수행할 수 있었는가? 자신이 달성한 것과 자신의 목표도 비교해 보자. 나의 목표는 다른 사람의 목표와 다를 수 있다. 다른 사람의 목표가 아닌, 나 자신의 목표를 기준으로 자신을 평가해야 한다.

살다 보면 나보다 더 뛰어난 사람을 어디에서든 만날 수 있다.

이는 모두에게 해당하는 이야기다. 마찬가지로 우리 각자는 다른 사람이 부러워하거나 동경할 만한 장점이나 특성이 있다. 저마다의 개성과 처한 환경, 살아온 경험이 얼마나 다른지 고려한다면 자신을 다른 사람과 비교하는 것은 무의미하다는 뜻이다.

47

'해야 한다'라는 사고의 함정

'○○해야 한다'는 간단한 말은 언뜻 무해해 보일지 몰라도 문제를 일으키는 주범이 될 수 있다.

편도체를 활성화하는 사고를 말할 때 '○○해야 한다'라는 말 역시 빼놓을 수 없겠다. '집을 더 깨끗하게 치워야 해', '매장 직원은 고객에게 짜증을 내지 말아야 해!'처럼 편도체를 자극하는 생각들은 '해야 해'에 초점이 맞춰져 있다. 이런 말은 겉보기엔 무해해 보일지 몰라도 문제를 일으키는 주범이 될 수 있다.

'해야 한다'는 선호나 바람에 가까운 상황을 규칙이나 요구로 만들어 버린다. 이 간단한 말이 스스로를 과도하게 압박하고 죄책감이나 수치심을 느끼게 할 수 있다(엘리스 1987). 또한 상황과 사람을 통제할 수 없을 때 더 큰 좌절감을 가져온다. 이러한 이유로 인지 심리학자 앨버트 엘리스Albert Ellis는 "자신에게 해야 한다고 강요하지 마라."라고 말했다.

어린 시절 우리는 종종 합리적이지 않은 강요를 받곤 했다. "항상 최선을 다해야 한다."라는 말은 언뜻 바람직한 조언처럼 들리지만, 어느 누가 모든 일에 항상 최선을 다할 수 있겠는가? 아침에 일어나서 샤워하고, 옷을 입고, 이부자리를 정리하고, 아침을 먹고, 출근하는 모든 행동에 최선을 다하려 애쓰다가는 점심이 되기도 전에 압박감에 녹초가 될 것이다.

최선을 다하는 것은 응할 수 있는 시간, 개인적인 필요, 개인적인 목표, 관련된 사람들에 대한 배려 등 여러 요인을 고려해 적절하게 조절되어야 한다. 어떤 일이 반드시 이러이러해야 한다고 생각하거나 기대하는 것은 자기 자신에게 더 큰 고통의 짐을 지울 수 있다. 세상의 일은 기대나 바람대로 흘러가지 않기 때문이다. '해야 해!'라는 식의 생각은 사고의 왜곡을 가져오고 그것에 집중하다 보면 불안해지거나, 화가 나거나, 죄책감을 느끼거나, 실망할 가능성이 더 커진다.

자신과 타인에 대한 비현실적인 기대는 스스로를 괴롭히는 결과를 초래한다. 또한 '○○해야 한다'라는 사고방식은 불필요한 규칙을 만들어낼 수 있다. '항상 최선을 다해야 해.'라고 생각하면 최선을 다하지 못한 날에 좌절감이나 죄책감을 느낀다. '사람은 화를 터트려선 안 돼.'라고 생각하면 누군가가 화를 냈을 때, 마치 그 사람이 법을 어긴 것처럼 불편함이나 불만, 스트레스를 느낄 가능성이 높다.

'해야 해', '해야만 한다', '해야 할 것이다'라는 표현이 들어간 생각을 자주 하지는 않은지 살펴보자. 실제로는 별일이 아닌데도 이런 생각들 때문에 편도체가 자극되어 마치 위협이 발생한 것처럼 반응하게 된 것은 아닐까? 기대를 조금만 바꾸면 그런 생각이 삶에 미치는 부정적인 영향을 충분히 줄일 수 있음에도 말이다.

'해야 한다'를 찾아내어 다른 것으로 대체하기

다음의 질문들을 고려해 자신의 삶에서 '○○해야 한다'라고 생각하고 있는 것들을 찾아보자. 몇 가지 예를 적어두면 보다 현실적인 생각으로 바꾸는 데 도움이 될 것이다.

절대 어겨서는 안 되는 엄격한 규칙처럼 자신에게 '해야 한다'를 강요하고 있지는 않은가? 가령 회의나 약속에 무조건 일찍 혹은 제시간에 도착해야 한다거나, 사람들의 이름이나 생일을 절대 잊어서는 안 된다고 생각하는가? 이런 규칙을 항상 지키며 살 수는 없다. 다짐이나 의도대로 살지 못한다고 해서 위험에 처하는 것도 아니다. 때로는 다른 사람들이 당신에게 더 관대할지 모른다.

자신의 생각을 '해야 한다'에서 '제시간에 도착하려고 노력할 것이다.' 혹은 '친구들의 생일을 기억하고 싶다.'로 바꾸면 좋은 의도를 담으면서도 그것을 지키지 못했을 때 자신을 실패자로 여기거나 잘못된 상황이 벌어진 것처럼 느끼지 않을 것이다.

지키기 힘든 무언가를 해낼 것을 다른 사람에게 기대하고 있지는 않은가? 어떤 일이 있어도 큰소리로 화를 내면 안 된다거나, 당신이 무엇을 중요하게 여기는지 말하지 않아도 알아차려야 한다고 기대한다면 당신은 그들에게 비현실적인 기대를 하는 것이다. 누군가가 화내는 것이 싫다거나 아이들이 장난감을 바닥에 어지르지 않았으면 좋겠다고 생각하는 것은 괜찮지만, 그들이 마치 큰 잘못을 저지른 것처럼 행동해선 안 된다.

특정 상황에 '해야 한다'를 정해 놓음으로써 그 상황을 견디기 힘들게 만들고 있지는 않은가? '이 병에 걸리지 말았어야 해.' 혹은 '교통 법규를 어기는 사람들은 무조건 처벌을 받아야 해.'라고 생각한다면 좌절감과 짜증을 키우고 있는 것이다.

무언가를 '해야 해!'라고 규정하면 필요 이상으로 문제를 키우게 된다. 그것이 이루어지지 않았을 때 단순히 짜증이나 푸념으로 끝날 상황을, 규정을 위반한 중대한 상황으로 인식하게 된다. 당신이 상황을 어떻게 바라보느냐에 따라 편도체의 반응 정도도 달라진다. "이 병에 걸리지 않았다면 좋았을 텐데." 혹은 "법을 어기는 사람들 짜증 나." 정도로 말한다면 편도체도 덜 활성화될 것이다.

우리는 종종 자신과 타인 그리고 세상에 대해 '○○해야 한다'라는 기대를 부여하면서, 그것이 필요 이상의 불안을 유발하고 삶을 더 힘들게 만드는 것을 인식하지 못한다. 사람마다 바라는 바가 다른 것은 자연스러운 현상이다. 그러나 '언제나 최선을 다해야 한다.' 혹은 '어른은 화를 내면 안 돼.'처럼 바람이나 선호를 규율로 바꾸는 일은 현실과 맞지 않을뿐더러 편도체를 활성화시킬 뿐임을 잊지 말자.

48

완벽주의가 갖는 위험

완벽주의 때문에 어떤 대가를 치르고 있는지 인식하는 것이 우선이다.

이 책을 쓰면서도 '정말 잘 썼을까? 완벽하게 썼을까? 더 잘 쓸 수 있지 않을까? 아니면 더 많은 내용을 담을 수 있지 않을까?'와 같은 생각이 머릿속을 맴돌았다. 당신도 나(마하)와 비슷한 생각에 휩싸일 때가 있을 것이다. 완벽하게 행동하지 못했다고 자책하거나 작업을 더 잘 수행하지 못했다고 자신을 탓하며 괴로웠던 적이 있을 것이다.

불안에 시달리는 사람들은 종종 완벽주의와 싸운다. 완벽주의란, 완벽해지거나 완벽하게 보이려는 욕구를 말한다. 하지만 모두 알다시피 누구도 완벽할 수 없다. 완벽주의자들은 자신은 물론 다른 사람들에게 매우 높은 기준과 기대를 설정하고, 실수하거나 완벽하지 못한 것에 대해 매우 비판적인 경향이 있다. 만약 일이나 인간관계, 취미, 목표 추구 등 하나 이상의 삶의 영역에서 완벽해져야 한다고 여기고 있다면 당신은 자신도 모르게 불안을 키우고 있는 건지도 모른다.

사실 완벽주의는 긍정적인 특성으로 오해받곤 한다. 목표를 달성하고, 일을 잘하고, 특별한 존재로 느껴지는 데 완벽주의는 도움이 되는 듯이 보이지만 대개 엄청난 대가를 지운다. 스스로에게 물어보자. '높은 기대를 충족하려고 나는 어떤 대가를 치르고 있지? 내가 들인 시간이 그만한 가치가 있나? 이 압박감과 불안감이 꼭 필요한가? 잘하지 못할 것 같은 두려움에 하고 싶은 것을 시도조차 못 하고 있지는 않은가?'

완벽주의는 불안, 높은 스트레스, 미루기, 과도한 작업 시간, 전반적인 불만족과 연관이 있다. 스스로 기준을 높게 잡고 그것을 충족하지 못하면 기대한 성과를 내기 위해 더욱 많은 노력을 쏟아붓는다. 노력을 거듭하다 결국엔 끊임없이 돌아가는 쳇바퀴에서 벗어나지 못한다. 누구도 완벽할 수 없으며 완벽을 기준으로 자신을 평가하면 패배감과 절망감에 부딪힐 수밖에 없다. 그리고 그 과정에서 마치 큰 위협이 실재하는 듯한 위기감을 느끼게 되고 편도체가 활성화된다.

완벽주의는 이분법적 사고('완벽하게 할 수 없다면 아예 시작도 하지 않겠어.'), 재앙적 사고('완벽하게 하지 않으면 나는 F를 받게 될 거야.'), 당위적 진술('좀 더 깔끔하게 정리 정돈해야 해.')과 같은 사고 패턴에 의해 유지된다. 이런 경직된 사고 패턴은 행동에 영향을 미친다. 결국 완벽주의는 높은 기준을 충족하기 위해 과도하게 노력을 쏟거나, 높은 기준을 충족할 수 없어서 아예 회피하거나, 기준을 충족했는지 확인하고 또 확인하느라 지나치게 많은 시간을 소모하는 등의 행동을 초래한다.

완벽주의 성향과 그로 말미암은 불안을 줄이기 위해서는 자신의 완벽주의적 사고를 인지하고 그것이 삶의 어느 영역에 영향을 미치는지, 그로 인해 어떤 대가를 치르고 있는지 깨닫는 것이 우선이다. 그다음 그러한 사고 패턴과 행동을 하지 않기 위한 전략이 필요하다. 이에 도움이 되는 몇 가지 방법을 살펴보자.

완벽주의와 싸우기

다음 내용을 읽고 자신의 완벽주의적 사고 패턴과, 자신에게 가하는 압박감을 줄일 수 있는 대체 가능한 생각을 적어보자.

1. 완벽주의와 관련한 경직된 사고를 짚어보고, 그 생각을 대체해본다. 가령 '최고의 성과를 내지 못하면 실패한 것이나 다름없어.'

라고 생각하는 대신 '잘 해냈어. 그리고 나 자신에게 그렇게 엄격할 필요는 없어.'로. '이 일은 잘해야만 해.'라고 생각하는 대신 '이 작업은 완벽하지 않아도 괜찮아. 끝내는 게 중요해.'로 생각을 바꾸자. 이렇게 생각을 대체하면 완벽하지 않다고 시시때때로 탓하는 내면의 비판적인 목소리를 줄일 수 있다.

2. **자기 연민을 연습한다.** 자신을 비난하지 말고 친절하고 따뜻하게 대하자. '나도 사람이야. 사람은 누구나 실수할 수 있어.'처럼 도움이 될 만한 말들을 노트에 적어보자.

3. **불완전하게 행동하는 연습을 한다.** 어느 부분에서 지나치게 엄격한 기준을 적용하는지 살펴보자. 그런 다음 의도적으로 조금은 서툴게 행동하자. 이 연습을 통해 엄격한 기준을 충족하지 못하는 것에 대한 두려움에 직면할 수 있고, 완벽하지 않아도 괜찮다는 사실을 깨달을 수 있다.

완벽이 아닌, '이것만으로도 충분히 괜찮은' 성과를 위해 노력하자. 일부러라도 작업에 할애하는 시간을 줄이고, 확인이나 재확인 횟수를 줄여보자. 그래도 괜찮다. 이메일에 맞춤법이나 문법 오류가 있더라도 고치지 말고 그냥 보내자. 그런 다음 무슨 일이 일어나는지 지켜보자. 집을 완벽하게 청소하지 않고 손님을 초대하자. '충분히 괜찮은' 것만으로도 좋다는 사실을 경험할 수 있을 것이다. 편도체 또한 '충분히 괜찮은' 상태가 위협적이지 않음을 학습할 것이다.

4. **70% 법칙을 기억하자.** 완벽주의는 항상 100%를 추구하게 만든다. 기준을 70%로 낮춰보자. '이것으로도 충분하다.'라는 사고방식과 행동을 촉진하는 데 도움이 될 것이다. 처음에는 불안할 수

있다. 하지만 곧 편도체가 적응할 것이다. '이것만으로도 충분히 좋은' 혹은 70% 법칙으로 접근해 압박감을 덜어낸 후 어떤 변화가 있었는지 노트에 적어보자.

기준을 너무 높게 설정한 탓에 일을 미루거나 지나치게 많은 시간을 소모한 적이 있는가? 지나치게 높은 기준은 필요 이상의 불안과 스트레스를 유발한다. 다른 사람들이 업무를 처리하는 방식을 관찰하고, 자신이 타인보다 더 잘해야 한다는 압박감을 덜어내자. 사람이 완벽할 수 없음을 받아들이고 '이 정도도 충분히 좋다'에 만족한다면 불안을 완화하고 삶의 주도권을 되찾을 수 있다. 높은 기준은 정말 중요한 몇 가지 사안에만 적용하도록 하자.

49

불확실성을 받아들이고 자기 삶을 살아가자

괴로움이 크거나 예측이 불가능한 상황이라면
답을 찾지 않는 것이 오히려 해결책이 될 수 있다.

많은 사람들이 '생각'을 통해 자신이 안고 있는 문제의 답을 찾으려고 한다. 논리와 계획을 통해 해결책을 찾을 수 있다고 믿으며, 수차례의 계산을 거쳐 하나의 정답을 도출하는 수학 문제를 대하듯이 걱정에 접근한다.

그러나 인생은 그렇지 않다. 삶의 수많은 순간에 통용되는 단순한 해결법은 존재하지 않는다. 게다가 우리가 상황을 바라보는 방식이 옳은지조차 확신하기 어렵다. 특히 인간의 행동을 예측하거나, 미래를 알거나, 어떤 상황을 통제하려는 것과 관련된 문제일수록 하나의 정답을 찾거나 확실한 결과를 예측하기란 불가능에 가깝다.

고통스럽거나 예측이 불가능한 상황에서는 답을 찾지 않는 것이 오히려 해결책이 될 수 있다. 정확하고 확실한 답을 찾는 게 불가능한 경우는 너무도 많다. 가장 현명한 접근은 불확실성과 의심을 자연스러운 삶의 일부로 받아들이고 조바심 내지 않는 것이다. 끊임없이 답을 찾으려 애쓰기보다 때로는 의문을 품고 살아가며 그 안에서 마음의 평온을 찾아야 할 때도 있다.

구체적인 사례를 떠올려보면 이 점이 더 분명해진다. 우리(필자)는 종종 자신에 대한 의심을 어쩌지 못해 힘들어하는 내담자들을 만난다. 예를 들어 '출근길에 동물을 친 것은 아닐까' 하는 의심부터 '자신이 신에게 용서받을 수 있을까' 하는 의문까지 그 고민은 다양하다.

많은 내담자들이 불확실성(의심) 때문에 괴로워한다. '이 달걀을 먹어도 괜찮을까, 심사를 통과할 만한 논문을 쓸 수 있을까, 내가 아이들을 학대하는 것은 아닐까, 남편이 계속 가정에 충실할까, 기침이 나는데 큰 병에 걸린 것은 아닐까, 오늘 고속도로 운전이 안전할까……' 우리의 삶은 해결할 수 없는 의문으로 가득하다. 이 사실을 받아들여야 한다.

내담자들이 특정 질문에 대한 답을 내려 달라고 하면 우리는 그럴 수 없음을 상기시킨다. 승진할 수 있을지, 임신할 수 있을지 혹은 공황 발작 없이 결혼식에 참석할 수 있을지 확신을 달라고 청할 때 우리는 확신할 수 없다고 솔직하게 말한다.

다만 그렇다고 해서 이 불확실성에 발목을 잡혀서도 안 된다. 승진, 임신, 결혼식 참석이 가능하다는 가정하에 살아가야 한다. 우리는 "당신이 집까지 안전하게 갈 수 있다고 보장할 순 없어요. 그렇다고 운전 자체를 시도하지 말라는 뜻은 아니에요."라고 이야기한다. 겁주려는 게 아니다. 우리 모두는 불확실성을 안고 살아가고 있으며 이를 삶의 일부로 받아들여야 함을 알려주고 싶은 것이다. 실제로 우리가 삶의 일부인 불확실성을 얼마나 자주 무시하며 신경 쓰지 않고 살아가는지 깨닫는다면 의심, 불확실성, 답이 없는 질문에도 잘 대처할 수 있음을 알게 될 것이다.

최악의 행동 중 하나는 갖가지 가능성을 끊임없이 곱씹으며 답을 찾아야 한다는 생각에 사로잡히는 것이다. 다른 사람들에게 확신을 구하고, 인터넷을 검색하고, 답이 없는 주제를 두고 생각에 생각을 거듭하는 것은 해결책이 될 수 없다. 이러한 접근은 대뇌피질이 불확실성에 집중하게 만든다. 그 결과 편도체는 마치 위협이 실재하는 것처럼 반응한다.

불확실성이 존재함을 받아들이고 불확실한 것은 불확실한 대로 남겨둔 채 자기 삶을 살아간다면 편도체는 평온해질 것이다. 자신이 매일 해야 할 일과 하고 싶은 일에 집중하자. 그러면 불안감도 자연히 줄어든다.

의문을 안고 살아가는 법 배우기

미래에 대한 불확실성, 다른 사람들의 행동, 잠재적 위협에 대한 구체적인 의문들로 괴로운가? 이러한 의문에 꽂혀 다른 사람에게 확신 구하기, 인터넷 검색하기, 반추하기, 끊임없이 계획 세우기 같은 방법으로 답을 찾는 것에 골몰한다면 불안 채널에 갇히게 된다.

그러는 대신 의문을 명확히 하고, 의심과 불확실성을 받아들이자. 자기 자신과 다음의 대화를 나눠보자.

- ✓ 나는 _____(의문)_____ 에 대해 알고 싶어.
- ✓ 하지만 난 확실한 답을 얻을 수가 없어. 이런 상황을 받아들여야 해.
- ✓ 나는 이런 불확실성을 받아들이고 함께 살아갈 수 있어.
- ✓ 불확실성과 함께 살아가는 최고의 방법은 나의 가치관과 필요, 관심사에 따라 하루하루를 사는 거야.

모든 의문에 답을 찾아야 안도감을 얻을 수 있는 것은 아니다. 행복한 삶을 위해서는 삶 자체에 주의를 기울여야 한다. 답을 찾

을 수 없는 물음을 두고 답을 기다리거나 답을 찾겠다고 시간을 허비하진 말자. 하루하루 해야 할 일에 집중하고, 즐겁게 할 수 있는 활동들을 일상의 루틴으로 만들자.

50
진정한 문제

걱정의 내용에 집착할 필요가 없음을 깨닫는다면
삶을 흔드는 불안에서 깨어날 수 있다!

이제 오래된 골칫거리인 불안이 당신의 뇌에서 어떻게 반복적으로 생성되는지 중요 패턴이 어느 정도 보일 것이다. 다시 정리해 보자. 일종의 위협이나 부정적인 결과를 초래할 수 있는 상황이 머릿속에 떠오르면 그에 대해 깊이 고민하기 시작한다. 아주 자연스럽게 상황을 반복적으로 되새긴다. 이때 상황을 타개할 내처 방법을 생각할 수도 있고, 생각하지 않을 수도 있다. 그러나 대뇌피질의 이러한 사고 과정은 편도체에 영향을 미친다. 편도체가 활성화되면, 당신은 그로 인해 나타나는 전형적인 징후를 느낀다.

방어 반응이 시작되면 몸 곳곳에서 고통과 불편함이 느껴진다. 불안감이 커질수록 대뇌피질 기반의 사고는 불안 유발 상황에 더욱 집중하고, 당신은 불안을 넘어 공황의 소용돌이에 빠질 수도 있다. 이 패턴을 인지했다면 생각의 구체적인 내용은 중요하지 않다는 사실도 깨달아야 한다. 인간관계에서 생길 수 있는 문제를 생각하든, 재정적인 어려움을 생각하든 불안을 유발하는 기본적인 과정은 같다. 잠재적 위협이 될 만한 상황에 대뇌피질이 집중할 때마다 편도체가 반응해 불안을 일으킨다는 점이다.

집중하는 생각의 내용 자체는 중요하지 않다. 무엇을 생각하든 같은 불편함, 고통, 괴로움의 감정들이 당혹스러우리만치 예측 가능한 패턴으로 뒤따른다. 이를 깨달으면, 생각의 내용에 집착하지 않는 것이 삶의 주도권을 되찾는 데 큰 힘이 될 수 있음을 배울 수 있다. 암에 걸렸을지도 모른다고 걱정하든, 언니와 다시는 말하지 않을 거라고 생각하든 내용은 중요치 않다. 내용이 무엇이든 그 걱정에 집중할 필요가 없다고 믿기만 한다면 우리를 괴롭히는 불안에서 벗어날 수 있다!

불안장애 치료 전문가 리드 윌슨 박사는 《머릿속의 소음을 끄자》에서 이렇게 말했다(2016, 26). "불안의 내용에 집착하는 한 불안이 승리하고 당신은 끊임없이 패배할 것이다. 게임의 수준을 한 단계 끌어올려라! 불안의 내용을 넘어 당신이 직면해야 할 진짜 문제를 바라보라."

생각의 초점을 바꾸는 것이 뇌가 불안을 생성하는 것을 막는 방법임을 알면, 생각의 구체적인 내용이 무엇인지는 중요하지 않다는 것도 깨닫게 된다. 좌절감을 안기는 사고 패턴을 끊어냄으로써 불안에서 벗어나 자유로워질 수 있다.

우리의 대뇌피질은 평일이건 주말이건 때를 가리지 않고 온갖 걱정과 염려를 반복할 수 있다. 여기저기 들여다보다 편도체를 활성화시키는 무언가를 발견하면 거기에 멈춰서 내용에 집착한다. 그럼으로써 편도체는 흥분 상태에 빠지고 몸은 불안에 휩싸인다. 만약 이 같은 패턴이 보인다면 걱정의 내용에 휘말리지 않도록 노력해 보자. 그리고 자신에게 이렇게 말하는 거다. 그러면 불안의 패턴을 완전히 바꿀 수 있다. "그래, 너 대뇌피질. 편도체를 자극할 거리를 찾았구나. 하지만 더 이상 너의 속임수에 휘말리지 않을 거야. 나는 이제 내 삶에 더 중요한 일에 집중할 거니까."

그 걱정이 무엇이든, 그것이 진짜 문제가 아님을 잊지 말자. 진정한 문제는 무엇에 집중할 것인가를 놓고 대뇌피질에서 벌이는 싸움이다. 편도체를 활성화하는 생각에 집착하며 그 생각을 키울 것인가? 아니면 지금 이 순간 당신의 삶에서 중요한 것으로 초점을 옮길 것인가?

생각의 내용에 집착하지 않기

걱정스러운 상황에 생각이 미치면, 그에 점점 집중해 자세히 들여다보기 마련이다. 하지만 그 상황이 그렇게까지 관심 받을 만한 가치가 있을까? 그 걱정은 반복적으로 신경 써온 것일 수도 있고, 새롭게 떠오른 것일 수도 있다. 하지만 항상 그 걱정에 집중할 필요는 없다. 특히 과도한 걱정과 집착, 반추하는 경향이 있는 사람이라면 걱정의 내용에서 눈을 돌려 그 안에 갇히지 않는 법을 배워야 한다.

다음의 생각들은 특정 내용에 갇혀 있다는 신호다.

- 이 상황이 나쁘게 흘러갈 경우는 뭐가 있지?
- 이 상황을 내가 어떻게 해결하지?
- 이 상황을 감당할 수 없을 것 같아.
- 누군가와 이 문제를 상의해야 해.

노트를 꺼내 내용에 집착하게 되는 생각을 3~5가지 정도 적어보자. 그런 다음 편도체를 활성화하는 생각들을 물리치는 데 도움이 될 만한 생각들을 활용해 본다.

불안에 휘둘리지 않고 하루를 보내는 데 도움이 되는 생각

- 이 문제를 신경 쓸 필요가 없어. 집중해야 할 더 중요한 일이 많아.
- 이건 그냥 생각일 뿐이야. 실제로 일어나지 않아.
- 이 문제는 이미 여러 번 고민했어. 더 이상 시간 낭비할 순 없어.
- 아무리 생각해 봤자 이 상황이 바뀌진 않아.
- 만약 이 일이 실제로 일어나면, 그때 가서 해결하면 돼.
- 내가 지금 당장 집중해야 하거나, 집중하고 싶은 일은 무엇일까?

우리는 매 순간 선택의 갈림길에 선다. 오늘 하루 당신의 대뇌피질을 불안을 만들어내는 데 사용할 것인가 아니면 당신의 삶에 의미와 목적, 기쁨을 부여하는 데 사용할 것인가? 걱정의 내용에 집착하는 것에서 벗어나면 불안에 시달리지 않고 삶을 이끌어 나갈 수 있을 것이다.

참고문헌

에릭 H. 에릭슨, 《유년기와 사회》, 송제훈 옮김(연암서가, 2014).

러스 해리스, 《행복 전환 연습》, 김미옥 옮김(마인드빌딩, 2023).

Altman, D. 2014. *The Mindfulness Toolbox*. Eau Claire, WI: PESI.

Anderson, E., and G. Shivakumar. 2013. "Effects of Exercise and Physical Activity on Anxiety." *Frontiers in Psychiatry* 4(27): 1–4.

Babson, K. A., M. T. Feldner, C. D. Trainor, and R. C. Smith. 2009. "An Experimental Investigation of the Effects of Acute Sleep Deprivation on Panic-Relevant Biological Challenge Responding." *Behavior Therapy* 40(3): 239–250.

Balaghi, D., K. Hierl, and E. Snyder. 2022. "Self-Monitoring for Students with Obsessive-Compulsive Disorder and Autism Spectrum Disorder." *Intervention in School and Clinic* 58(1): 51–58.

Bourne, E. J., A. Brownstein, and L. Garano. 2004. Natural Relief for Anxiety: *Complementary Strategies for Easing Fear, Panic, and Worry*. Oakland, CA: New Harbinger.

Burton, L. R. 2020. "The Neuroscience and Positive Impact of Gratitude in the Workplace." *The Journal of Medical Practice Management* 35(4): 215–218.

Chang, A., D. Aeschbach, J. F. Duffy, and C. A. Czeisler. 2015. "Evening Use of Light-Emitting eReaders Negatively Affects Sleep, Circadian Timing, and Next-Morning Alertness." *Proceedings of the National Academy of Sciences of the United States of America* 112(4): 1232–1237.

Chen, Y., C. Chen, R. M. Martínez, J. L. Etnier, and Y. Cheng. 2019. "Habitual Physical Activity Medicates the Acute Exercise-Induced Modulation of Anxiety-Related Amygdala Functional Connectivity." *Scientific Reports* 9(1): 19787.

Christianson, J. P., and B. N. Greenwood. 2014. "Stress-Protective Neural Circuits: Not All Roads Lead Through the Prefrontal Cortex." *Stress* 17(1): 1–12.

DeBoer, L. B., M. B. Powers, A. C. Utschig, M. W. Otto, and J. A. J. Smits. 2012. "Exploring Exercise as an Avenue for the Treatment of Anxiety Disorders." *Expert Review of Neurotherapeutics* 12(8): 1011–1022.

Ehrmann, M. 1948. *The Poems of Max Ehrmann*. Edited by Bertha K. Ehrmann. Boston: Bruce Humphries.196

Ellis, A. 1987. "A Sadly Neglected Cognitive Element in Depression." *Cognitive Therapy and Research* 11(1): 121–145.

Engels, A. S., W. Heller, A. Mohanty, J. D. Herrington, M.T. Banich, A. G. Webb, et al. 2007. "Specificity of Regional Brain Activity in Anxiety Types During Emotion Processing." *Psychophysiology* 44(3): 352–363.

Ensari, I., T. A. Greenlee, R. W. Motl, and S. J. Petruzzello. 2015. "Meta-Analysis of Acute Exercise Effects on State Anxiety: An Update of Randomized Controlled Trials Over the Past 25 years." *Depression and Anxiety* 32(8): 624–634.

Goldin, P. R., and J. J. Gross. 2010. "Effects of Mindfulness-Based Stress Reduction (MBSR) on Emotion Regulation in Social Anxiety Disorder." *Emotion* 10(1): 83–91.

Hecht, D. 2013. "The Neural Basis of Optimism and Pessimism." *Experimental Neurobiology* 22(3): 173–199.

Heisler, L. K., L. Zhou, P. Bajwa, J. Hsu, and L. H. Tecott. 2007. "Serotonin 5-HT2c Receptors Regulate Anxiety-Like Behavior." *Genes, Brain, and Behavior* 6(5): 491–496.

Lattari, E., H. Budde, F. Paes, G. A. M. Neto, J. C. Appolinario, A. E. Nardi, et al. 2018. "Effects of Aerobic Exercise on Anxiety Symptoms and Cortical Activity in Patients with Panic Disorder: A Pilot Study." *Clinical Practice and Epidemiology in Mental Health* 14: 11–25.

LeDoux, J. 2015. *Anxious: Using the Brain to Understand and Treat Fear and Anxiety*. New York: Penguin.

Linehan, M. M. 2014. *DBT Skills Training Manual*. 2nd ed. New York: Guilford Press.

Lombardi, G., M. Gerbella, M. Marchi, A. Sciutti, G. Rizzolatti, and G. Di Cesare. 2023. "Investigating Form and Content of Emotional and Non-Emotional Laughing." *Cerebral Cortex* 33(7): 1–9.

McCullough, M. E., R. A. Emmons, and J. Tsang. 2002. "The Grateful Disposition: A Conceptual and Empirical Topography." *Journal of Personality and Social Psychology* 82(1): 112–127.

McNay, E. 2015. "Recurrent Hypoglycemia Increases Anxiety and Amygdala Norepinephrine Release During Subsequent Hypoglycemia." *Frontiers in Endocrinology* 6: 175. Don't Focus on Content 197

McRae, K., J. J. Gross, J. Weber, E. R. Robertson, P. Sokol-Hessner, R. D. Ray, et al. 2012. "The Development of Emotion Regulation: An fMRI Study of Cognitive Reappraisal in Children, Adolescents, and Young Adults." *Social Cognitive and Affective Neuroscience* 7(1): 11–22.

Menzies, V., D. E. Lyon, R. K. Elswick Jr., N. L. McCain, and D. P. Gray. 2014. "Effects of Guided Imagery on Biobehavioral Factors in Women with Fibromyalgia. *Journal of Behavioral Medicine* 37(1): 70–80.

Neff, K. D. 2023. "Self-Compassion: Theory, Method, Research, and Intervention." *Annual Review of Psychology* 74: 193–218.

Orsillo, S. M., L. Roemer, J. B. Lerner, and M. T. Tull. 2004. "Acceptance, Mindfulness, and Cognitive-Behavioral Therapy: Comparisons, Contrasts, and Application to Anxiety." *In Mindfulness and Acceptance: Expanding the Cognitive-Behavioral Tradition*, edited by S. C. Hayes, V. M. Follette, and M. M. Linehan. New York: Guilford Press.

Perreau-Linck, E., M. Beauregard, P. Gravel, V. Paquette, J. Soucy, M. Diksic, et al. 2007. "In Vivo Measurements of Brain Trapping of C-Labelled -Methyl-L-Tryptophan During Acute Changes in Mood States." *Journal of Psychiatry Neuroscience* 32(6): 430–434.

Peters, M. L., I. K. Flink, K. Boersma, and S. J. Linton. 2010. "Manipulating Optimism: Can Imagining a Best Possible Self Be Used to Increase Positive Future Expectancies?" *The Journal of Positive Psychology* 5(3): 204–211.

Pilozzi, A., C. Carro, and X. Huang. 2021. "Roles of ß-Endorphin in Stress, Behavior, Neuroinflammation, and Brain Energy Metabolism." *International Journal of Molecular Sciences* 22(1): 338.

Prather, A. A., R. Bogdan, and A. R. Hariri. 2013. "Impact of Sleep Quality on Amygdala Reactivity, Negative Affect, and Perceived Stress." *Psychosomatic Medicine* 75(4): 350–358.

Rebar, A. L., R. Stanton, D. Geard, C. Short, M. J. Duncan, and C. Vandelanotte. 2015. "A Meta-Meta-Analysis of the Effect of Physical Activity on Depression and Anxiety in a Non-Clinical Adult Population." *Health Psychology Review* 9(3): 366–378.

Roehrs, T., and T. Roth. 2008. "Caffeine: Sleep and Daytime Sleepiness." *Sleep Medicine Reviews* 12(2): 153–162.

Rogers, P. J. 2007. "Caffeine, Mood, and Mental Performance in Everyday Life." *Nutrition Bulletin* 32: 84–89. 198

Sander, K., A. Brechmann, and H. Scheich. 2003. "Audition of Laughing and Crying Leads to Right Amygdala Activation in a Low-noise fMRI Setting." *Brain Research Protocols* 11(2): 81–91.

Schwartz, J. M., and S. Begley. 2003. The Mind and the Brain: *Neuroplasticity and the Power of Mental Force*. New York: Harper Perennial.

Schmitt, A., N. Upadhyay, J. A. Martin, S. R. Vega, H. K. Strüder, and H. Boecker. 2020. "Affective Modulation After High-Intensity Exercise is Associated with Prolonged Amygdala-Insular Functional Connectivity Increase." *Neural Plasticity* 2020(5): 1–10.

Sharot, T. 2011. "The Optimism Bias." *Current Biology* 21(23): R941–945.

Summer, J. 2023. "What is REM Sleep and How Much Do You Need?" *Sleep Foundation*, May 9. https://www.sleepfoundation.org/stages-of-sleep /rem-sleep.

Taylor, V. A., J. Grant, V. Daneault, G. Scavone, E. Breton, S. Roffe-Vidal, et al. 2011.

"Impact of Mindfulness on the Neural Responses to Emotional Pictures in Experienced and Beginner Meditators." *Neuroimage* 57(4): 1524–1533.

van der Helm, E., J. Yao, S. Dutt, V. Rao, J. M. Salentin, and M. P. Walker. 2011. "REM Sleep De-Potentiates Amygdala Activity to Previous Emotional Experiences." *Current Biology* 21(23): 2029–2032.

Watson, E. J., A. M. Coates, M. Kohler, and S. Banks. 2016. "Caffeine Consumptions and Sleep Quality in Australian Adults." *Nutrients* 8(8): 479.

Woodbury-Fariña, M., and M. M. R. Schwabe. 2015. "Laughter Yoga: Benefits of Mixing Laughter and Yoga." *Journal of Yoga & Physical Therapy* 5(4): 209.

Wilson, R. 2016. Stopping the Noise in Your Head: *The New Way to Overcome Anxiety and Worry*. Deerfield Beach, FL: Health Communications.

Yim, J. 2016. "Therapeutic Benefits of Laughter in Mental Health: A Theoretical Review." *Tohoku Journal of Experimental Medicine* 239(3): 243–249.

Yoo, S., N. Gujar, P. Hu, F. A. Jolesz, and M. P. Walker. 2007. "The Human Emotional Brain Without Sleep—A Prefrontal Amygdala Disconnect." *Current Biology* 17(20): R877–878.

Zelano, C., H. Jiang, G. Zhou, N. Arora, S. Schuele, J. Rosenow, et al. 2016. "Nasal Respiration Entrains Human Limbic Oscillations and Modulates Cognitive Function." *The Journal of Neuroscience* 36(49): 12448–12467.

불안한 뇌를 바꾸는
50가지 생각 도구

1판 1쇄 2025년 10월 1일

지은이 캐서린 M. 피트먼, 마하 자예드 호프먼
옮긴이 김은영

발행인 김인태
발행처 삼호미디어

등록 1993년 10월 12일 제21-494호
주소 서울특별시 서초구 강남대로 545-21 거림빌딩 4층
www.samhomedia.com
전화 (02)544-9456
팩스 (02)512-3593

ISBN 978-89-7849-721-3 (03180)

Copyright 2025 by SAMHO MEDIA PUBLISHING CO.

출판사의 허락 없이 무단 복제와 무단 전재를 금합니다.
잘못된 책은 구입처에서 교환해 드립니다.